Magall · Jerusalem

Miriam Magall

Jerusalem –
Heilige Stätten der Juden

Wilhelm Fink

Umschlagabbildung:
Die „Klagemauer", bzw. Westmauer heute.

Bibliografische Information der Deutschen Nationalbibliothek

Die Deutsche Nationalbibliothek verzeichnet diese Publikation in
der Deutschen Nationalbibliografie; detaillierte bibliografische Daten
sind im Internet über http://dnb.d-nb.de abrufbar.

© 2010 Wilhelm Fink Verlag, München
Wilhelm Fink GmbH & Co. Verlags-KG, Jühenplatz 1, D-33098 Paderborn

Internet: www.fink.de

Einbandgestaltung: Evelyn Ziegler, München
Herstellung: Ferdinand Schöningh GmbH & Co KG, Paderborn

ISBN 978- 3-7705-5039-5

„Sollt ich dich vergessen, Yeruschalayim,
So versage meine Rechte!
Kleben soll meine Zunge mir am Gaumen,
So ich dein nicht gedenke,
So ich nicht erhebe Yeruschalayim auf den Gipfel meiner Freude. "

Psalm 137,5–6

INHALT

ORTE DER EWIGEN RUHE

ANHÄNGE

EINLEITUNG

Es heißt, Jerusalem sei den drei monotheistischen Religionen, dem Judentum, dem Christentum und dem Islam, heilig. Für die beiden letztgenannten Religionen ist es allerdings nur der zweit- bzw. drittheiligste Ort. Dagegen stellt Jerusalem das Zentrum jüdischen Glaubens und jüdischen Strebens, jüdischen Lebens, jüdischer Geschichte und jüdischen Denkens dar – und zwar seit mehr als 3000 Jahren! Hier standen seine beiden Tempel. Hier regierten die jüdischen Könige. Jerusalem ist stets im jüdischen Bewusstsein verankert gewesen, und daran hat sich bis zum heutigen Tag nichts geändert. Schon in Psalm 137,5 heißt es: „Sollt ich dich vergessen, Yeruschalayim, verdorre meine rechte Hand." Seit jeher und zu jeder Zeit war und ist Jerusalem Quelle und Ziel der Gebete und Hoffnungen der Juden. Am Ende des *Pessach-Seders* wünschen die Feiernden sich gegenseitig: „Nächstes Jahr in Jerusalem!"

In den Psalmen taucht der Name der Stadt häufig auf, in der gesamten Hebräischen Bibel ist das hebräische Wort *Yeruschalayim* insgesamt 641 Mal zu finden. Schon zu Abrahams Zeit, also vor über 3800 Jahren, spricht Genesis (14,18) von dieser Stadt, als sie beschreibt, wie Abraham von einer gewonnenen Schlacht zurückkehrt und auf den Herrscher einer Stadt trifft: „Und Malchi-Zedek, der König von Schalem, brachte heraus Brot und Wein, und er war Priester des höchsten G-ttes." Mit Schalem ist das spätere Jerusalem gemeint. Und gleich ein zweites Mal kommt Jerusalem schon im Zusammenhang mit Abraham vor. Denn G-tt befiehlt ihm: „Nimm doch deinen Sohn, deinen einzigen, den du liebst, den Isaak, und geh in das Land Morija und bringe ihn dort zum Opfer auf einem Berge, den ich dir ansagen werde" (Gen. 22,2). Abraham gibt dieser Stätte später einen Namen (Gen. 22,14): „Und Abraham nannte den Namen dieses Ortes: Der Ewige wird ersehen *(Ha-Schem jir'é).* "

Gemäß dem *Midrasch* ist daraus der Name Jerusalem entstanden: aus der Verbindung von *jer'é,* d.h. „sehen" und *schalem,* d.h. „vollkommen". „Deswegen nenne ich es Yeruschalayim" *(Midrasch Rabba* 56,10). Es ist die Stadt, in der man die Vollkommenheit sieht. Und es ist, so sagt es der *Ramban,* dem wir weiter unten noch einmal begegnen werden, die vollkommene Stadt, weil hier der Tempel stand.

Jerusalem ist in seiner Schönheit vollkommen: „Zehn Maß Schönheit kamen in die Welt, Jerusalem nahm neun und der Rest der Welt eines" *(Kidduschin* 49b). Gemäß der rabbinischen Überlieferung hat G-tt alle Städte der Welt geprüft, aber nur Jerusalem für geeignet befunden, seinem Heiligtum als Standort zu dienen. Der Besuch der heiligen Stätten in Jerusalem beginnt denn auch mit dem Ersten Tempel, den König Salomo um das Jahr 928 v.d.Z. baut. Später dürfen die Heimkehrer aus dem Babylonischen Exil ihre Stadt und ihren Tempel wiederaufbauen. Als Herodes dank Roms Gnaden die Macht in Jerusalem erlangt, begibt er sich daran, den mittlerweile vermutlich schon etwas schäbig gewordenen Tempel prachtvoll zu erneuern und zu erweitern. Aber kaum ist er vollendet, wird er von den Römern im Jahr 70 d.Z. niedergebrannt. Fortan gibt es keinen Tempel mehr.

An seine Stelle tritt das *Beth-ha-Knesseth,* das „Haus der Zusammenkunft", das auch *Beth-Midrasch,* „Lehrhaus", heißt und nach der Zerstörung des Tempels auch dessen Funktion als *Beth-Tfilla,* „Haus des Gebets", übernimmt. Wann immer den Juden das Leben in ihrer eigenen Hauptstadt, Jerusalem, gestattet ist, errichten sie ihre Bethäuser, die allesamt auf den Tempelberg ausgerichtet sind. Leider gibt es zwischendurch immer wieder Machthaber, die Juden nicht in seinen Mauern tolerieren wollen. Das gilt für Römer und Byzantiner ebenso wie für Muslime und Osmanen. Und wenn sich Juden schon einmal in ihrer Stadt niederlassen dürfen, dann häufig nicht für allzu lange Zeit. Bei jedem Machtwechsel müssen sie zittern – um ihren weiteren Aufenthalt in ihrer ehemaligen Hauptstadt, aber auch um den Bestand ihrer Synagogen. Nicht nur im finsteren Mittelalter, nein, auch noch nach dem Unabhängigkeitskrieg, in dem die Altstadt von Jerusalem von der jordanischen Arabischen Legion erobert wurde, werden die Stätten ihres Gebets, allein in der Altstadt sind es siebenundzwanzig, dem Erdboden gleichgemacht, geschändet oder als Ziegen- und Schafställe zweckentfremdet. Erst seit dem Sechstage-Krieg im Jahr 1967 können die Israelis ein weiteres Mal daran gehen, ihre zerstörten und geschändeten Synagogen wieder aufzubauen oder gründlich zu renovieren und erneut feierlich einzuweihen. Die nunmehr fertig gestellte Churva-Synagoge in der Altstadt ist ein letztes und schönes Beispiel für diese positive Entwicklung.

Aber Juden beten nicht nur, sie sterben auch. Und so spielt das *Beth-Olam,* das „Haus der Ewigkeit", auch *Beth-Chajim,* „Haus des Lebens", genannt, eine bedeutende Rolle im jüdischen Leben. Denn jüdische Friedhöfe werden für den Tag angelegt, an dem der Messias kommt, daher kein Auflassen der Gräber, keine Zweitbelegung. Nein, wenn keine widrigen äußeren Umstände stören, liegt ein einmal begrabener Jude in seinem Grab, bis sich eben dieser lang ersehnte Messias einstellt. Sehr deutlich vor Augen führt das der jüdische Friedhof auf dem Ölberg, der schon seit rund 3000 Jahren in Betrieb ist. Auf ihm befinden sich einige 2000 Jahre alte und sogar noch ältere Gräber, die an die jüdische Vergangenheit in Jerusalem erinnern. Die Gräber auf dem Herzl-Berg, die letzte Ruhestätte berühmter Männer und Frauen des 20. und 21. Jahrhunderts, und jene auf dem angegliederten Militärfriedhof, sprechen dagegen von der jüngeren Geschichte des Staates Israel. Aber gleichgültig, aus welchem Jahrtausend sie auch stammen mögen, alle laden sie ein zur stillen Einkehr, zum stummen Zwiegespräch mit G-tt.

Orte des Gebets

Schon seit undenklicher Zeit empfindet der Mensch das Bedürfnis, sich an eine höhere, unsichtbare Macht zu wenden, sei es in kritischen Phasen seines Lebens, sei es, um ihr für einen Glücksfall zu danken. Das kann an jedem beliebigen Ort geschehen, und so geschieht es auch. Dennoch hat der Mensch bereits früh damit begonnen, besondere Orte zu schaffen, an denen er sich in einem würdigen Rahmen an diese höhere Macht wenden kann. Daraus entwickelten sich dann feste Plätze, auf denen er erst seine Schreine, danach seine Tempel errichtete. Im jüdischen Kontext war dann der Schritt zur „Erfindung" der Synagoge nicht mehr weit. Wie genau diese Entwicklung vonstatten ging, davon soll im Folgenden die Rede sein.

DER TEMPEL IN JERUSALEM

Wie bereits erwähnt, hat G-tt der jüdischen Überlieferung zufolge alle Städte der Welt geprüft, aber nur Jerusalem für geeignet befunden, seinen Tempel, sein Haus aufzunehmen. Nach ihrem Auszug aus Ägypten erhalten die Israeliten fünfzig Tage später die Thora, die „Lehre", und die Zehn Gebote, nach denen sie künftig ihr Leben ausrichten sollen, was sie auch einstimmig akzeptieren: „Da hub an das ganze Volk insgesamt und sprach: Alles, was der Ewige geredet, wollen wir tun ..." (Ex. 19,8). Moses, ihr Lehrer, Prophet und Anführer, nimmt nach traditionellem jüdischem Verständnis sowohl die Thora als auch die Zehn Gebote persönlich auf dem Berg Sinai von G-tt entgegen. Bezalel, der erste namentlich genannte Künstler der Welt, fertigt nach G-ttes genauen Anweisungen das Stiftszelt sowie das gesamte Mobiliar dafür an (Ex., Kapitel 25). Mit diesem Stiftszelt ziehen die Israeliten vierzig Jahre lang durch die Wüste – bis die Sklavengeneration ausgestorben und eine neue Generation herangewachsen ist, die in Freiheit geboren wurde und aufwuchs. Erst sie ist in der Lage, das den Israeliten von G-tt verheißene Land einzunehmen und zu besiedeln. Damit ist man mehrere Generationen lang beschäftigt, sodass die Bundeslade im Stiftszelt vorläufig das zentrale Heiligtum bleibt, ja, notgedrungen bleiben muss.

Salomos Tempel

Schon König David hat das gesamte Baumaterial für den Bau des Tempels für den Einen G-tt auf dem Berg Morija zusammengetragen. Er selbst darf ihn nicht bauen, sagt doch der Ewige ausdrücklich: „Du sollst meinem Namen kein Haus bauen; denn du hast Kriege geführt und Blut vergossen" (1. Chron. 18,3). Erst sein Sohn Salomo darf dieses großartige Vorhaben verwirklichen.

Die Bibel widmet den Vorbereitungen zum Tempelbau, der Beschreibung des Heiligtums und seiner Ausstattung zweimal nahezu drei ganze Kapitel: 1. Kön. 5, 6 und 7; 2. Chron. 2, 3 und 4.

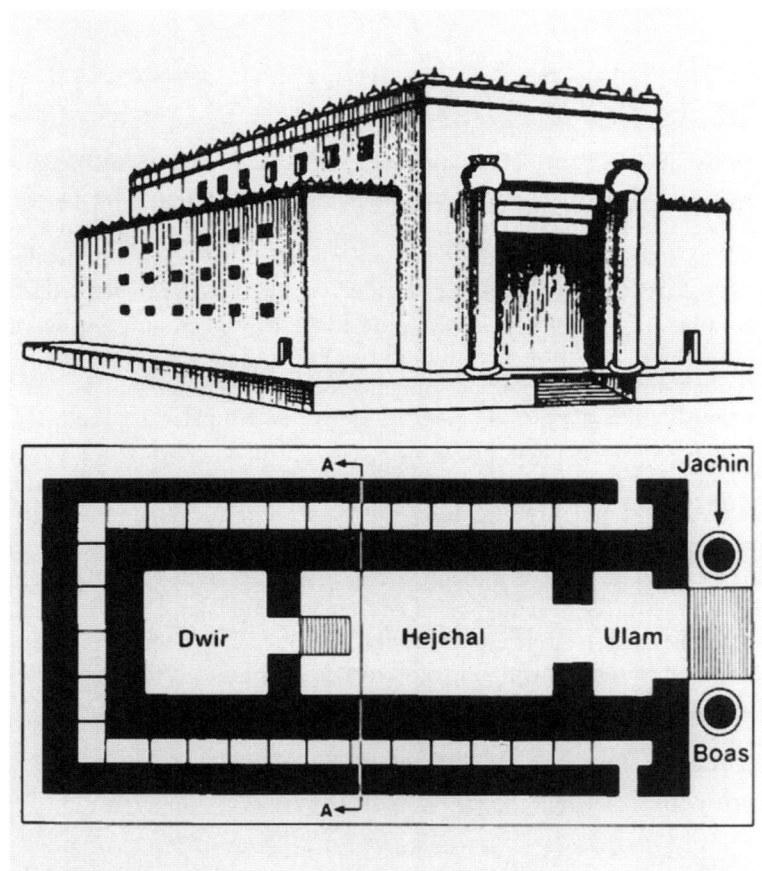

Abb. 1: Tempel, von König Salomo 928 v.d.Z. errichtet.
Oben: Außenansicht; unten: Grundriss.

Da sich außer dem Felsen im Untergeschoss des heute dort stehenden Felsendoms sowie einigen Säulenresten nichts von diesem Prachtbau erhalten hat und archäologische Ausgrabungen sich aufgrund des Vorhandenseins von Felsendom und al-Akza-Moschee verbieten, soll die Bibel Auskunft über sein Aussehen geben (2. Chron. 3 und 4):

> „Salomo begann, das Haus des Ewigen in Jerusalem auf dem Berg Morija zu bauen … Dies sind die Grundmaße, die Salomo für den Bau des Hauses G-ttes festlegte: Die Länge betrug sechzig Ellen … die Breite zwanzig Ellen. Die Halle vor dem Hauptraum war zwanzig Ellen breit … Den Hauptraum vertäfelte er mit Zypressenholz, überzog dieses mit echtem Gold und brachte Palmen und kettenförmige Bänder darauf an … Er schuf den Raum des Allerheiligsten. Seine Länge betrug zwanzig Ellen … und seine Breite zwanzig Ellen. Er überzog es mit echtem Gold … Im Raum des Allerheiligsten ließ er zwei Cherubim anfertigen … und mit Gold überziehen …
> Für die Vorderseite des Hauses machte er zwei Säulen von achtzehn Ellen Höhe … Die Säulen stellte er vor dem Tempel auf … die rechte nannte er Jachin, die linke Boas."

Damit erschöpft sich die Beschreibung des Tempels in der Bibel aber nicht. Genau wie schon beim Stiftszelt, das Bezalel am Fuß des Berges Sinai auf G-ttes Befehl baute, werden alle Gerätschaften und das gesamte Mobiliar des Salomonischen Tempels bis ins kleinste Detail aufgelistet:

> „Er ließ einen bronzenen Altar herstellen … Dann machte er das ‚Meer'. Es wurde aus Bronze gegossen … Das Meer stand auf zwölf Rindern … Auch machte er zehn Kessel … Sie dienten für die Waschungen. Das Meer war für die Waschungen der Priester bestimmt.
> Er machte die zehn goldenen Leuchter der Vorschrift gemäß und stellte sie im Tempel auf … Ferner machte er zehn Tische und brachte sie in den Tempel … Desgleichen verfertigte er hundert goldene Schalen.
> Auch schuf er den Vorhof der Priester und den großen Hof mit seinen Toren. Die Torflügel überzog er mit Bronze."

Auf heutige Maße übertragen, muss der Tempel 50 Meter lang, 25 Meter breit und 15 Meter hoch gewesen sein, unterteilt in drei Kammern, die

Abb. 2: Salomos Tempel. Oben: die Tempelgeräte:
Menora und Schaubrottisch; unten: „Meer" und „Altar".

hintereinander gelagert sind (s. Abb. 1 u). Das ist, gemessen an heutigen
Maßstäben, nicht besonders groß. Allerdings ist zu bedenken, dass sich
die Beter nicht im Tempelinneren versammelten, wie das heute in einer
Synagoge der Fall ist. Vielmehr geschah das auf den Höfen rund um den
Tempel herum. Denn abgesehen von einer begrenzten Zahl von kühlen,
regnerischen Tagen im Winter, erlaubt das Wetter in Jerusalem den Aufenthalt im Freien praktisch das ganze Jahr über. Von Anfang an gab es
einen Frauen- und einen Männerhof. Und auch schon damals durfte das

einfache Volk nicht den Priesterhof betreten, ganz zu schweigen, den Tempel selbst. Das war ausschließlich Dienst habenden Priestern vorbehalten – und sollte sich allein schon aufgrund der obigen Beschreibung der Außenhöfe von selbst verstehen. Das Allerheiligste des Tempels betrat selbst der Hohepriester nur einmal im Jahr, am *Jom Kippur,* dem „Versöhnungstag". Dort entzündete er den Weihrauch, den er vom Räucheraltar zusammen mit den Kohlen mitgebracht hatte, betete für das gesamte Volk und bat den Ewigen darum, es trotz seiner zahlreichen Verstöße gegen seine Gebote und Verbote für das neue Jahr ins Buch des Lebens einzuschreiben und zu besiegeln. Bei dieser Gelegenheit sprach er übrigens das einzige Mal im Jahr und als einziger des ganzen Volkes Israel den wahren Namen des Ewigen aus.

Der Tempel wurde mit Steinen errichtet, die möglicherweise aus dem heute als „Zedekias Höhle" bezeichneten Steinbruch unter der Jerusalemer Altstadt oder aber aus dem Bergland rund um Jerusalem stammten. Das Innere war mit Zedernholz ausgekleidet, über das eine Schicht Blattgold kam. Den Fußboden bildeten Dielen aus Zypressen. Vom Vorraum, *Ulam,* gelangte man in das Heilige, *Hejchal,* und dahinter lag das Allerheiligste, das *Dwir.* Das Tempelinnere, also Ulam und Hejchal, war über und über mit Darstellungen von Cherubim, Palmen, Granatäpfeln und Blumendekor bedeckt. Im Allerheiligsten stand die Bundeslade, flankiert von zwei *Cherubim.* Sie waren aus Olivenholz gefertigt und mit Gold überzogen. Jeder Cherub hatte ein Paar ausgestreckte Flügel, die von einer Wand zur nächsten reichten. Sie dienten dem Ewigen als Thron. Im Allerheiligsten befand sich außerdem der *Ewen Sh(e)tija,* der „Gründungsstein". Gemäß der Legende soll es sich dabei um den Kern handeln, um den herum die gesamte Welt entstanden ist. Im 4. Jahrhundert erklärte ein Rabbiner: „Das Land Israel liegt in der Mitte der Welt. Jerusalem ist das Zentrum Israels. Der Tempel steht mitten in Jerusalem. Das Allerheiligste bildet die Mitte des Tempels. Die Bundeslade stellt die Mitte des Allerheiligsten dar. Und der Gründungsstein liegt genau vor dem Allerheiligsten." Heute wird der große Fels, der sich im Untergeschoss des Felsendoms befindet, mit diesem Gründungsstein identifiziert.

Einer weiteren Tradition zufolge befanden sich im Allerheiligsten zusätzlich drei Gegenstände, die eng mit den Wundern während der Wanderung durch die Wüste zusammenhängen: ein Glas mit Manna, Mose Stab und Aarons Stab mit Zweigen und Blüten.

Das Manna war „das Brot, das der Ewige euch zu essen gibt" (Ex. 16,15). Es sah aus wie „etwas Feines, Knuspriges, fein wie Reif"

(Ex. 16,14). Heute kann dieser Niederschlag von Manna wissenschaftlich erklärt werden: In Wüstengebieten gibt es eine sirupartige Absonderung von Insekten, die sehr nahrhaft ist; das ist der so genannte „Manna-Klee".

Mose Stab musste auf jeden Fall aufbewahrt werden. Denn damit teilte er ja das Rote Meer, sicherte den Sieg über die Amalekiter und brachte damit auch Wasser aus dem nackten Fels hervor.

Aarons Stab erlangt seine Berühmtheit dank einer Episode während der Wüstenwanderung. Wie so oft murrten die Israeliten einmal mehr gegen Moses und seine Autorität sowie die seines Bruders Aaron. Um dem entgegenzutreten, wurden die Stäbe aller Stammesführer auf Befehl des Ewigen zusammen mit Aarons Stab über Nacht ins Stiftszelt gelegt. Nur Aarons Stab, „der das Haus Levi vertrat", war „grün geworden; er trieb Zweige, blühte und trug Mandeln" (Num. 17,23). Nachdem das ganze Volk Aarons dergestalt ausgeschlagenen Stab gebührend in Augenschein genommen und gewürdigt hatte, hörte es auf zu murren. Moses legte den Stab neben die Bundeslade.

Alle drei Gegenstände, wenn sie denn tatsächlich im Allerheiligsten bei der Bundeslade aufbewahrt worden waren, verschwanden zusammen mit dieser, als sich die Babylonier Jerusalem näherten, worauf noch zurückzukommen sein wird.

Der Tempel in Jerusalem war das zentrale Heiligtum der Judäer. Hierher kamen sie mindestens dreimal im Jahr zu den Wallfahrtsfesten. Zu *Pessach* versammelten sich die Menschen im Tempel von Jerusalem, um gemeinsam des Auszugs aus Ägypten zu gedenken und um das traditionelle Pessach-Mahl einzunehmen. Fünfzig Tage später strömten sie nochmals in die Stadt für das „Fest der Erstlingsfrüchte", wie das Wochen-, das *Schawuot*-Fest auch heißt. Außerdem gedachten sie gemeinsam der Tatsache, dass ihnen am Berg Sinai die *Thora*, die „Lehre", von G-tt gegeben worden war und dass sie sie akzeptiert hatten. Im Herbst schließlich kamen die Menschen, um sieben Tage lang in Jerusalem in Laubhütten zu wohnen zur Erinnerung an die vierzigjährige Wanderung durch die Wüste. Zu allen Festen strömten die Menschen, Männer, Frauen und Kinder, aus dem ganzen Land nach Jerusalem, zogen unter Gesang zum Tempel, begleitet von einfachen Instrumenten wie Flöte und Zimbeln, Zither und Harfe. Der G-ttesdienst fand im Hof des Tempels statt. Der Chor der Leviten sang die Psalmen, mit denen der Ewige gelobt und gepriesen wurde.

Ein zentrales Element im Tempeldienst waren die Tieropfer. Dafür führt die Hebräische Bibel genaue Vorschriften an (Lev. 1-7). Die verwendeten Tiere – Rind und Widder, Schaf und Taube – mussten einjährig, männlich und absolut makellos sein. Unterschieden wurde zwischen dem Brandopfer, bei dem das gesamte Tier auf dem Altar vom Feuer verzehrt wurde, und anderen Opfern wie dem Sündopfer. Von diesem wurde nur ein Teil des Tieres verbrannt, der Rest war für die Priester bestimmt, die um des Tempeldienstes willen auf jeden Anspruch auf eigenes Land und damit auf ihren eigenständigen Unterhalt verzichtet hatten. Neben den Tieropfern wurden auch Speiseopfer dargebracht. Solch ein Speiseopfer bestand aus Feinmehl und Öl, gewürzt mit Weihrauch.

Die Priester gehörten dem Stamm Levi an und waren die Nachfahren von Aaron und seinen Söhnen. Sie werden als die *Cohanim,* Singular *Cohen,* bezeichnet. Sie waren für die Tempelrituale, insbesondere für die Opfer zuständig. Nur die Priester durften den Tempel betreten und den Hauptaltar, der davor stand, berühren. Der oberste Priester hieß der Hohepriester. Er allein durfte, wie schon weiter oben erwähnt, einmal im Jahr das Allerheiligste betreten.

Bevor der Tempel gebaut wurde, war die Priesterfamilie des Eli Hohepriester im Heiligtum in Schilo gewesen. Als die Philister es zerstörten, flohen die Überlebenden nach Nob bei Jerusalem. Weil sie David aufnahmen, ließ König Saul die dortigen Priester töten. Nur einem, Abiathar, gelang die Flucht. Später machte David, nunmehr König geworden, Abiathar und Zadok zu seinen Hohepriestern. Irgendwann fiel Abiathar bei David in Ungnade, deshalb wurde er zurück nach Nob geschickt. Danach war Zadoks Familie diejenige, die das Amt des Hohepriesters vom Vater an den Sohn weitergab.

Von *Zadok* kommt der Begriff „Sadduzäer", mit dem die rigiden Tempelpriester bezeichnet werden, die kein Jota von den Vorschriften abweichen wollten. Als der Tempel in Jerusalem im Jahr 70 d.Z. ein zweites Mal von den Römern zerstört wurde, verschwanden mit ihm auch die Sadduzäer. Übrig blieben lediglich die Pharisäer, auf Hebräisch die *Parschanim* oder *Mefarschim,* die „Interpreten", die sich unter dem Volk bewegten, seine Anliegen und Sorgen kannten und sich um sie kümmerten. Die Parschanim sind die Lehrer des Volkes und die Vorläufer der späteren Rabbiner, das heißt, der jüdischen Gelehrten, die das Überleben des jüdischen Volkes auch ohne einen eigenen Staat für die Dauer von beinahe 2000 Jahren sichern.

Salomos prachtvoller Tempel in Jerusalem steht bis zum Jahr 587 v.d.Z., dann wird er von Nebukadnezar II. zerstört. Als sich abzeichnet, dass die Babylonier Stadt und Tempel einnehmen und beide zerstören würden, bringen die Priester die Bundeslade an einen sicheren Ort, damit sie den Babyloniern nicht in die Hände fällt. Sie ist so gut versteckt, dass sie bis heute nicht gefunden wurde.

Die Israeliten werden ins Babylonische Exil geführt. Um den Zusammenhalt der in die Verbannung geführten Israeliten sicherzustellen, dürften in Babylon die ersten Betstuben, die Vorläufer der späteren Synagogen, entstanden sein. Diese Betstuben waren anfangs wohl kaum mehr als Wohnräume, in denen man zum Gebet und zum Studium zusammenkam. Bevor wir uns jedoch den Synagogen zuwenden, soll zuvor der zweite Tempel in Jerusalem vorgestellt werden.

Der Zweite Tempel

Als der Perserkönig Kyros II. (559–530 v.d.Z.) das Babylonische Reich zerschlägt, dürfen die Verbannten dank eines von ihm erlassenen Edikts 538 v.d.Z. in ihre Heimat zurückkehren und sowohl ihre Hauptstadt, Jerusalem, als auch ihren Tempel wieder aufbauen Wie viele dieses Angebot annehmen, ist im Buch Esra (2,64–67) nachzulesen. Demnach ziehen insgesamt 42.360 Personen, ohne Knechte und Mägde, in ihre Heimat zurück. Hinzu kommen noch 200 Sänger und Sängerinnen. Sie besitzen 736 Pferde, 245 Maultiere, 435 Kamele und 6720 Esel. Als erstes bauen sie den Altar im zerstörten Tempel wieder auf, um alsbald das Laubhüttenfest feierlich zu begehen. Unter Serubbabel, dem persischen Statthalter von Jehud, beginnt der Tempelbau. Wegen ständiger Störungen durch feindliche Nachbarn wird der Tempel jedoch erst – und auch dann nur dank der Intervention der Propheten Haggai, Sacharja und Maleachi, auf die noch zurückzukommen sein wird – nach mehreren Anläufen 23 Jahre nach dem Kyros-Edikt unter König Dareios (522–486 v.d.Z.) fertig: „am dritten Tag des Monats Adar, im sechsten Jahr der Regierung des Königs Darius" (Esra 6,15), d.h. im Jahr 515 v.d.Z. Bei der feierlichen Einweihung werden die Tieropfer gemäß den Vorschriften vorgenommen. Von diesen Ereignissen berichtet das Buch Esra.

Dieser Zweite Tempel in Jerusalem ist allerdings nur ein schwacher Abglanz seines strahlenden Vorbilds. Zwar entspricht der Bau in Größe und Anlage wohl dem Ersten Tempel, allerdings muss er sehr viel einfacher gewesen sein und auch strenger gewirkt haben, denn die prachtvollen Ornamente und Zierate, die König Salomo einst für seinen Tempel verwendete, die sollte es in diesem Bau nicht mehr geben. Man hat schlicht und einfach nicht die Mittel dafür, selbst wenn der persische Großkönig für einen Teil der Baukosten aufkommt.

Dieser neue Tempel ist übrigens nicht mehr das zentrale Heiligtum eines unabhängigen Volkes, sondern das Gebethaus einer Sekte von vielen im persischen Großreich. Dass es trotzdem nicht untergeht wie so viele andere Völker vor und nach ihm, ist vor allem zwei Männern zu verdanken. Der erste ist, wie schon erwähnt, Esra, der wohl um 458 v.d.Z., also während der Regierung von Artaxerxes I. (464–425 v.d.Z.) in Jerusalem eintrifft.

Das Buch Esra berichtet nicht nur über die feierliche Einweihung des Tempels, sondern auch über die umfassenden Verwaltungsreformen, die Esra vornimmt. Eine davon bezieht sich auf Mischehen. Die Judäer müssen sich ausnahmslos von ihren fremden Frauen trennen. Denn fremde Frauen verführen die Männer zum Götzendienst. Selbst die Priester sind davon nicht ausgenommen, ganz im Gegenteil, für sie ist es eine noch größere Pflicht als für den einfachen Mann. Am Ende berichtet Esra: „Alle diese hatten fremde Frauen geheiratet; sie trennten sich nun von ihren Frauen, auch wenn sie von ihnen Kinder hatten" (Esra 10,44).

Sein Nachfolger wird um 445 v.d.Z. Nehemia, der Mundschenk des schon erwähnten persischen Königs Artaxerxes I. (Neh. 2,1). Als Nehemia hört, wie schlecht es den Judäern geht, und auch erfährt, dass die Stadtmauern von Jerusalem eingestürzt und die Tore abgebrannt sind, bittet er den König, nach Jerusalem gehen zu dürfen. Er darf, ausgestattet mit den nötigen Vollmachten, um seine Autorität vor dem Volk zu stärken. Kurz nach seiner Ankunft inspiziert er die Stadtmauern und ist fest entschlossen, sie wieder aufzubauen. Auch das geht nicht ohne Widerstände und Störungen der benachbarten Völker ab. Dennoch steht die Stadtmauer bald wieder und sind die Tore erneut an ihrem Platz. Für den Rest seiner Amtszeit als persischer Statthalter der Provinz Jehud (445–425 v.d.Z.) führt Nehemia weitere Reformen durch. Genau wie schon Esra lässt er das Volk zählen, dann ruft er es für die Unterweisung in der Lehre vor dem Wassertor zusammen. „Am ersten Tag des siebten Monats brachte der Priester Esra [nicht zu verwechseln mit Nehemias Vorgänger Esra] das Gesetz vor die Versammlung ... Vom frühen Morgen bis zum Mittag las Esra auf dem Platz vor dem Wassertor den Männern und Frauen ... das Gesetz vor" (Neh. 8,2–3). Auch am Tag darauf wiederholt sich dasselbe Schauspiel: „Am zweiten Tag versammelten sich die Familienoberhäupter des ganzen Volkes sowie die Priester und Leviten bei dem Schriftgelehrten Esra, um die Worte des Gesetzes weiter kennen zu lernen" (Neh. 8,13). Danach suchen sie in den Bergen und sammeln Zweige von Myrten, Palmen und Laubbäumen zum Bau von Laubhütten. Nehemia legt die Abgaben für den Tempel fest, führt eine besondere Ordnung für den Schabbath ein und verbietet nun seinerseits die Mischehe.

Nehemia schließt seinen Bericht über seine Arbeit in Jerusalem mit den Worten ab: „So habe ich das Volk von allem gereinigt, was fremd war. Für die Priester und Leviten habe ich Ordnungen aufgestellt, die jedem seinen Dienst zuteilen. Auch habe ich angeordnet, wie man an den festgesetzten Zeiten das Brennholz liefern und die ersten Erträge bringen soll" (Neh. 13,50–51).

Im Laufe der nächsten zweihundert Jahre wechseln die Herren des Landes. Alexander der Große zerschlägt das persische Großreich. Nach seinem plötzlichen Tod im Jahr 323 v.d.Z. kommt Juda zunächst unter die Herrschaft der ägyptischen Ptolemäer. Sie rühren die Autonomie der Judäer nicht an. Das geschieht erst, als die Seleukiden, begeisterte Hellenisten, das Land in ihre Macht bringen. Sie wollen die ganze Welt zum Hellenismus bekehren, wenn nötig, auch mit Gewalt. Sie untersagen den Juden die Ausübung ihrer Religion und entweihen den Tempel in Jerusalem, indem sie auf seinem Altar vor einem Abbild des Zeus Schweine opfern. Es kommt, wie es kommen muss. Die Judäer führen den ersten ihrer drei Befreiungskämpfe der kommenden zweihundert Jahre. Diesen ersten gegen die Seleukiden gewinnen sie. 165 v.d.Z. können die Makkabäer die Hellenisten aus Jerusalem vertreiben, zwanzig Jahre später haben sie das gesamte Land von ihnen befreit. Der Tempel in Jerusalem wird gereinigt, ein neuer Altar errichtet, dann folgt die feierliche Einweihung. Ein Wunder geschieht: Um den siebenarmigen Leuchter, die *Menora,* anzuzünden, findet man nur ein einziges Kännchen Öl, dessen Siegel unversehrt ist. Es brennt acht Tage lang, bis neues, koscheres Öl hergestellt ist. Damit bekommen die Judäer und mit ihnen die Juden auf der ganzen Welt einen neuen Feiertag: das *Chanukka*-Fest, das am 25. *Kislew* beginnt und acht Tage lang dauert. Zur Erinnerung an das Wunder mit dem Kännchen Öl für die Menora im Tempel in Jerusalem wird seither in einem achtarmigen Leuchter, der *Chanukkija,* acht Tage lang jeweils ein Licht mehr angezündet, sodass am letzten, am achten Tag, alle acht Lichter sowie der *Schammasch,* der „Diener", brennen und von eben diesem Wunder – nicht dem militärischen Triumph! – künden.

Aus den aufständischen Makkabäern werden danach die Hasmonäer, die sowohl den Königstitel annehmen als auch die Würde des Hohepriesters, allerdings nicht zur ungeteilten Freude des Volkes. Denn nach Ansicht traditioneller Kreise kann nur ein Nachkomme Zadoks Hohepriester und nur ein Nachfahre aus dem Hause Davids König von Juda werden. Was seine Landsleute auch immer von ihm gehalten haben mochten, Alexander Jannai (103–76 v.d.Z.) ist der mächtigste und am längsten regierende Monarch der Hasmonäer-Dynastie. Er führt praktisch sein ganzes Leben lang Krieg, erweitert das Reich dabei aber auch bis an die Grenzen, die es einst unter König David hatte. Schon Alexander Jannais Vater Johannes Hyrkanos I. (143–104 v.d.Z.) hatte eine Expansionspolitik betrieben. Und beide führen eine Praxis ein, die im Judentum bis dahin unbekannt war und seit ihrer Herrschaft als absolut verpönt gilt: Die Bewohner der von beiden Hasmonäern eroberten Gebiete haben die Wahl zwischen dem Übertritt zum Judentum und der Auswanderung. Zu den so gewaltsam zum Judentum Bekehrten gehören auch die Idumäer, aus deren Reihen die frühe Rache für den gewaltsamen Übertritt zum Judentum für die Judäer kommen sollte: Herodes ist ein Sohn des bekehrten Idumäers Antipas und der Araberin Kypros. Für uns ist Herodes wichtig, denn die Wiederherstellung des Tempels in Jerusalem in seiner vollen Pracht ist eng mit seinem Namen verbunden. Er scheut weder Mittel noch Mühe, um zu beeindrucken. Dabei schreckt er auch nicht davor zurück, die eigenen missliebig gewordenen Familienangehörigen umbringen zu lassen und auch die Hasmonäer durch die Hinrichtung seiner Gemahlin, der Hasmonäer-Prinzessin Mirjam, endgültig auszulöschen.

Im achtzehnten Jahr seiner Herrschaft, um das Jahr 20 v.d.Z. also, nimmt Herodes sein ehrgeizigstes Projekt in Angriff: den umfassenden Um- und Neubau des Zweiten Tempels, der fast 500 Jahre nach seiner Wiedererrichtung dringend der Restaurierung bedarf. Die Mittel dazu fließen ihm nach einer Verwaltungsreform dank einer strafferen Kontrolle zu, die Steuereintreiber leisten gründliche Arbeit. Außerdem ist Herodes bei seiner gewaltsamen Machtergreifung das nicht unbeträchtliche Vermögen der Hasmonäer zugefallen, hinzu kommt der beschlagnahmte Besitz seiner politischen Gegner.

Die nächsten acht Jahre verbringen 10 000 angeworbene Bauarbeiter damit, die Baumaterialien zusammenzutragen. Steine werden im Steinbruch gehauen und mit dem für Herodes typischen glatten Rand und den Bossen in der Mitte versehen. Die aneinander stoßenden Flächen werden so glatt bearbeitet, dass sie auch ohne Mörtel zusammenhalten. Auf einer Flotte von 1000 Wagen werden diese Steine, von denen eine ganze Reihe zum Teil bis beinahe 50 Tonnen wiegen, einige sind so groß wie ein moderner Omnibus, nach Jerusalem transportiert. Für den Bau des Tempels selbst kommen nur Priester in Frage, deshalb lässt Herodes 1000 Priester und Leviten in der Maurerkunst ausbilden. Der eigentliche Bau des Tempels erfolgt überraschend schnell: nur drei Jahre. Die restlichen Nebengebäude, Hallen und Höfe nehmen dagegen eine Bauzeit von insgesamt 40 Jahren in Anspruch, lange nach Herodes' Tod im Jahr 4 v.d.Z.

Aber bevor Herodes den Bau selbst in Angriff nehmen lässt, wird die Fläche der schon damals von Mauern umgebenen Plattform, auf der der Tempel sich erhebt, verdoppelt. Um Raum dafür zu schaffen, lässt Herodes den Großteil aller dort stehenden Häuser und öffentlichen Bauten bis auf die Fundamente abtragen. Teiche, Zisternen und Kanäle, ja, sogar alte Gräber fallen seinem großräumigen Unternehmen zum Opfer. Schließlich bildet das Tempelareal ein ungefähr 480 mal 300 Meter großes Rechteck, d.h., es nimmt eine Fläche von 144 000 Quadratmetern ein. Die Stützmauern der Plattform erheben sich 30 Meter über dem Straßenniveau, an einigen Stellen reichen die Fundamente 20 Meter unter die Straße bis auf den gewachsenen Fels, sodass die Strukturen teilweise die Höhe eines 17stöckigen Gebäudes erreichen. Diese Stützmauer hat sich bis heute erhalten, ihr bekanntester Abschnitt ist die so genannte West- oder Klagemauer.

Flavius Josephus zufolge maß der Tempel 100 Ellen in der Länge und war 120 Ellen hoch. Der mittlere Teil war höher als die beiden Seitenflügel, sodass er weithin sichtbar war. Es existiert keine genaue Beschreibung der Tempelfassade, aber vermutlich wurde hier eine Reihe von Stilen verwendet. Die Folge majestätischer Säulengänge wies noch Elemente der mesopotamischen Architektur auf, während der Dekor der Säulen mit Weinblättern, Weinranken und Akanthusblättern der hellenistischen Kunst verpflichtet war.

Den gesamten Tempelplatz säumten, außer im Süden, Säulenhallen. An der Südseite lag die große „königliche Säulenhalle", auch *Chanujjot* genannt, in der zeitweise wohl auch der Sanhedrin zusammengetreten sein dürfte. Außerdem bot sie den Wallfahrern aus dem Ausland die Gelegenheit, hier ihr Geld gegen die einheimische Währung einzutauschen, mit der sie dann die Opfertiere bezahlen konnten.

Den großen Hof zur Tempelseite hin durften auch Nichtjuden betreten. Allerdings gebot ihnen eine Balustrade an einem bestimmten

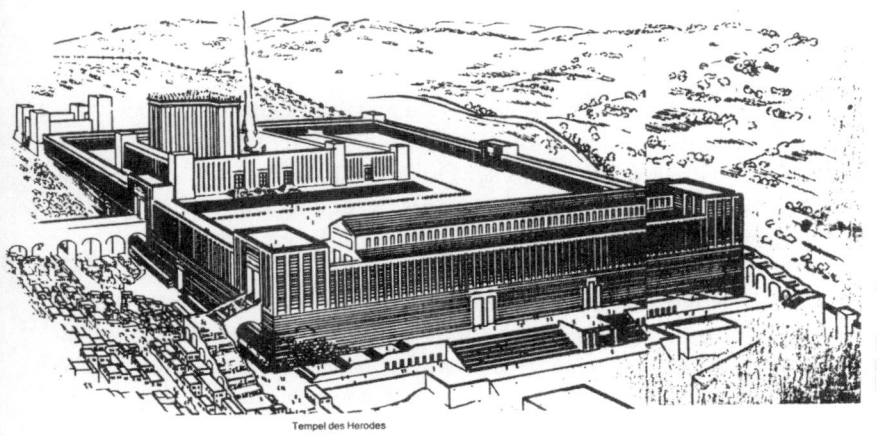

Tempel des Herodes

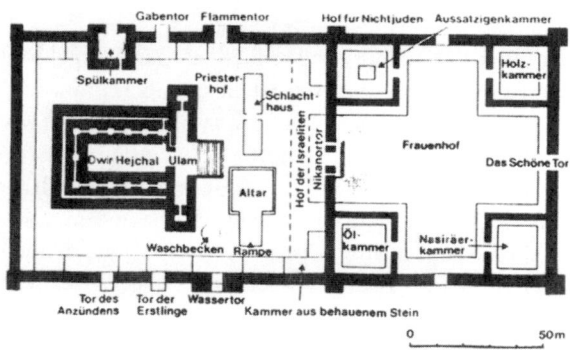

Abb. 3: Jerusalem. Der Herodianische Tempel;
o: Blick von Südwesten her; u: Grundriss.

Punkt Einhalt, und Inschriften in hebräischer, griechischer und lateinischer Sprache machten die Nichtjuden unter den Besuchern darauf aufmerksam, dass ihnen der Zutritt zum inneren Tempelbezirk untersagt war.

Durch das Schöne Tor im Osten betrat der jüdische Besucher den „Frauenhof", dessen Ecken vier abgeteilte Kammern einnahmen. An der Südostecke befand sich die „Nasiräerkammer", ein Haus für jene Männer also, die ein besonderes Gelübde abgelegt haben, nur G-tt zu dienen. Dem gegenüber in der Nordostecke lag die Kammer, in der das Holz für den Brandopferaltar gelagert wurde. In der Nordwestecke war die „Aussätzigenkammer" mit einem Ritualbad für diese Kranken. Ihr gegenüber in der Südwestecke befand sich die „Ölkammer", in der man das Öl für den Tempel lagerte.

Durch das Nikanor-Tor gelangte man vom Frauenhof auf 15 halbrunden Stufen in den „Hof der Israeliten". Dort stand den Männern nur ein schmaler Streifen an der Ostseite zur Verfügung. Besonders an den drei Wallfahrtsfesten war es hier gedrängt voll, denn einfache Juden durften nur bis zu diesem Punkt vordringen. Der Bereich dahinter enthielt den Brandopferaltar. Ihm durften sich ausschließlich Priester nähern. Eine Rampe führte zum eigentlichen Altar hinauf. Nördlich vom Brandopferaltar lag der Schlachtplatz. Nachdem das Opfertier getötet worden war, wurde es gehäutet und zerlegt, und seine Teile wurden von den Priestern auf den Altar gelegt, auf dem ständig ein Feuer brannte. Das Blut wurde sorgfältig aufgefangen und auf und um den Altar gesprenkelt, denn das Blut enthält das Leben: „Das Leben allen Fleisches, das ist sein Blut" (Lev. 17,14).

Hinter dem Brandopferaltar ragte schließlich der Tempel in den Himmel. Sein Grundriss war vorgeschrieben und bestand wie schon der Salomonische Tempel aus Vorhalle *(ulam)*, Haupthalle *(hejchal)* und Allerheiligstem *(dwir)*. In der Haupthalle befanden sich die *Menora*, der siebenarmige Leuchter, der Schaubrottisch und der Räucheraltar. Ein Vorhang trennte die Haupthalle vom Allerheiligsten. Diesen dunklen, fensterlosen Raum durfte, genau wie in der Vergangenheit, nur der Hohepriester einmal im Jahr, am Versöhnungstag, betreten.

Um ins Tempelareal zu gelangen, standen dem Besucher acht Tore zur Verfügung: zwei im Süden, vier im Westen und jeweils eins im Norden und im Osten.

Vom südlichsten Tor in der Westmauer führte eine monumentale Treppe, getragen vom heute so genannten Robinson-Bogen, über die Hauptstraße des Herodianischen Jerusalems hinweg und hinauf zu den bereits erwähnten *Chanujjot*, dem „königlichen Säulengang". Der ursprünglich rund 16 Meter weite Bogen ging von einem Riesenpfeiler aus, der in 13 Meter Entfernung parallel zur Westmauer stand. Auf dem Niveau der gepflasterten Herodianischen Straße sind in dem Pfeiler Kammern zu erkennen, allem Anschein nach Läden für die zum Tempel strömenden Pilger. Von diesem Pfeiler aus führte eine breite Freitreppe in die dem Tempelberg gegenüberliegende Oberstadt. Zum westlichen Säulengang des Tempelbergs führte ein Viadukt aus der Oberstadt, das vom Wilson-Bogen getragen wurde.

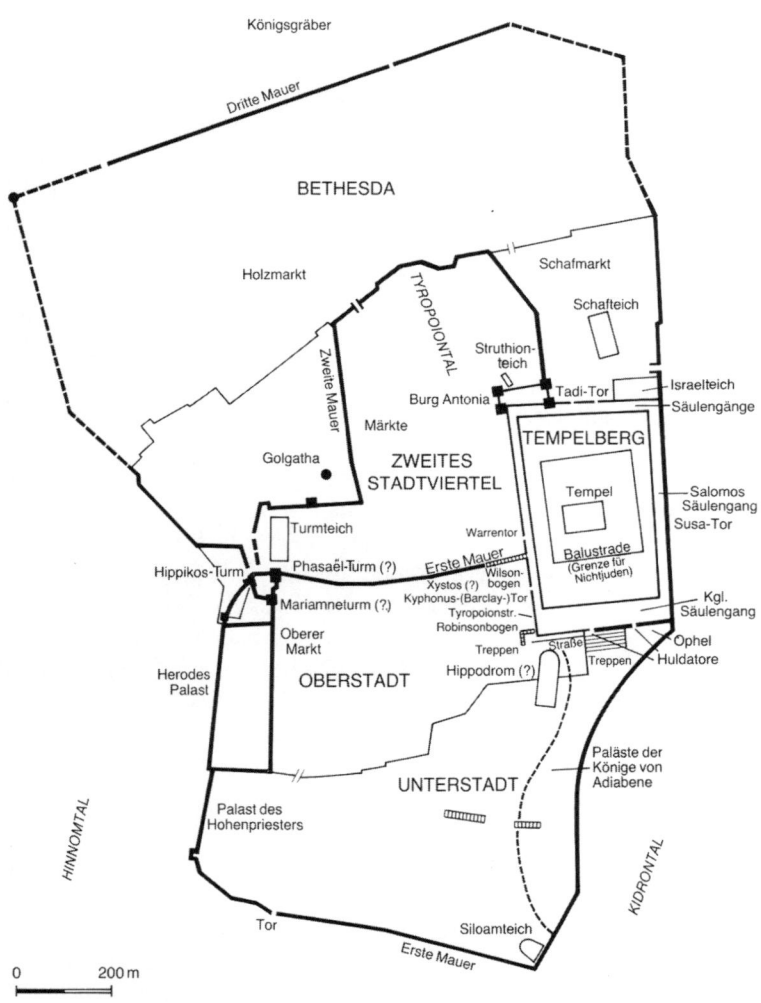

Abb. 4: Jerusalem zur Zeit des Herodes, um die Zeitwende.

Zwischen beiden lag der nach dem römischen Prokurator (6–9 d.Z.), der es erneuerte und verschönerte, auch Kiphonus-Tor genannte unterirdische Zugang zum Tempelareal. Sein gewaltiger, aus einem einzigen Block bestehender Türsturz (7,50 Meter lang und über 2 Meter hoch) befindet sich (auch heute noch) auf dem Schwellenniveau der übrigen Herodianischen Tore der Westmauer. An dieser Stelle gab es einstmals eine Vorhalle, von der aus ein unterirdischer Gang – beide in islamischer Zeit in Wasserreservoirs umgewandelt – und eine Rampe hinauf zum Tempelberg führten. Dieses Tor wird nach seinem Entdekker Thomas Barclay (1855–1857) auch als Barclay-Tor bezeichnet.

Am nördlichen Ende der Westmauer identifizierte Charles Warren 1874 bei der Untersuchung einer Zisterne an der Innenseite der Westmauer auf dem Niveau der in Herodianischer Zeit durch das Tyropoiontal führenden Straße den seither nach ihm benannten Zugang, das Warren-Tor. Wie das Kiphonus-Tor wird es über einen unterirdischen Aufgang zu einem der Tempelhöfe geführt haben.

Klar erkennbar, wenngleich vermauert, sind bis heute die beiden Tore in der Südmauer: das Dreifache, auch Östliche Hulda-Tor und das Doppelte, auch Westliche Hulda-Tor genannt. Ehemals betraten die Pilger den Tempelbezirk durch das Doppelte Huldator und verließen ihn durch das Dreifache Hulda-Tor. Der westliche Teil des erstgenannten ist ungefähr 12,80 Meter breit und führt in eine quadratische Vorhalle aus wuchtigen Herodianischen Blöcken. Eine monolithische Säule von 1,40 Meter Durchmesser in der Mitte des Raums trägt vier flache Kuppelgewölbe auf Pendentifs, an denen noch Spuren der ursprünglichen Akanthus-Dekoration zu erkennen sind. Dieser doppelte Zugang wurde vermutlich in der Kreuzfahrerzeit (12.–14. Jahrhundert) zugemauert. Von außen ist er zum Teil von jüngeren Bauten verdeckt. Das benachbarte Dreifache Hulda-Tor war ursprünglich ungefähr 15 Meter breit, anscheinend hatte es einen großen Durchgang in der Mitte und zwei kleinere zu jeder Seite.

Problematisch ist die Lagebestimmung der Tore in der östlichen und nördlichen Mauer. Das Susa-Tor in der Ostmauer, auch *Schuschan ha-Bira* genannt, sollte aber auf keinen Fall mit dem heutigen „Goldenen Tor" identifiziert werden, das erst in byzantinischer oder omajjadischer Zeit entstand.

Auch die genaue Lage des „Tadi-Tors" in der nördlichen Stützmauer ist noch unbekannt. Berichten der *Mischna* zufolge verlief ein gewundener unterirdischer Gang, von Öllampen in Nischen an beiden Seiten beleuchtet, von diesem Tor aus bis jenseits der Stadtmauer. Untersuchungen haben ergeben, dass direkt unter dem Felsendom ein solcher Korridor, der heute als Zisterne dient, tatsächlich existiert. Er führt zum alten Tor in der Nordmauer der Stadt. Aber wie an den meisten Orten am, vor und unter dem Tempelberg haben die muslimischen Religionsbehörden, die heutigen Herren des Tempelbergs, alle Untersuchungen am Tempelberg nachdrücklich untersagt, worauf noch zurückzukommen sein wird.

Vor dem Doppelten und Dreifachen Hulda-Tor liegt eine bis heute erhaltene – teilweise restaurierte – Treppe von 65,50 Meter Breite mit

30 Stufen, die ihren Ausgang von einem großen gepflasterten Platz davor nehmen. Bei Ausgrabungen im Bereich der monumentalen Treppe wurde vor dem Doppelten Hulda-Tor ein bis auf die Fundamente zerstörtes Gebäude freigelegt, das Zisternen und Teiche umfasste. Möglicherweise handelt es sich um den aus der *Mischna* bekannten Komplex mit Ritualbädern, in dem sich die Pilger reinigten, bevor sie – barfuß – die heilige Stätte betraten. Ein unterirdischer Tunnel mit Wandnischen für Öllampen führte von hier aus zum Tor.

Als sich das Schicksal erneut dem Tempel nähert, diesmal in Gestalt der Römer, bringen die Priester die kostbaren Schriftrollen in Sicherheit. In Höhlen am Toten Meer stecken sie sie in große Tonkrüge und sichern auf diese Weise ihr Überleben. Und im Gegensatz zur bis heute verschwundenen Bundeslade werden die Schriftrollen im Jahr 1947 wieder aufgefunden. In mühevoller Kleinarbeit hat man diese „Schriftrollen vom Toten Meer" inzwischen weitgehend restauriert, sodass ein Teil davon heute im „Schrein des Buches" im Israel-Museum in Jerusalem in Augenschein genommen werden kann.

Herodes' Prachtbau erleidet danach nämlich das gleiche Schicksal wie sein Vorgänger 500 Jahre davor: Am 9. *Aw* im Jahr 70 d.Z. geht er in Flammen auf, als die Römer den zweiten Freiheitskampf der Judäer innerhalb von 200 Jahren blutig niederschlagen und Jerusalem und den stark befestigten Tempelbezirk einnehmen.

Nach dem Sechstage-Krieg im Jahr 1967 nimmt der israelische Archäologe Binyamin Mazar von der Hebräischen Universität die Ausgrabungen um den Tempelberg auf und legt einen großen Teil der Strukturen in seiner näheren Umgebung frei. In einem archäologischen Garten kann man heute die Ausgrabungen zu Füßen des Tempelbergs besichtigen und dabei von der heutigen Zeit über die muslimische und die byzantinische bis in die israelitische Zeit immer tiefer in die Erde eindringen, denn hier stehen die Häuser buchstäblich übereinander. Aus den schon erwähnten Gründen ist der Tempelberg selbst israelischen Archäologen dagegen nicht zugänglich.

Ebenfalls gleich nach dem Sechstage-Krieg beginnt das Ministerium für Religiöse Angelegenheiten, den großen Platz vor der West- oder Klagemauer, dem einzigen greifbaren Überrest des zweiten Tempels, zu räumen und die Westmauer unter den darüber liegenden Häusern aus muslimischer Zeit in ihrer ganzen Länge zugänglich zu machen. Tausende Tonnen von Jahrhunderte altem Schutt werden mühsam von Hand fortgetragen, um die großartigen unterirdischen Strukturen freizulegen. Dabei wird die Westmauer in voller Länge von insgesamt 488

Metern in ihrer ganzen Pracht zugänglich gemacht. Entdeckt hat man bei dieser Arbeit Räume und öffentliche Säle sowie Teile einer Straße aus der Zeit des Zweiten Tempels, einen hasmonäischen Wassertunnel und vieles mehr sowie den wohl größten Baustein, den man je in Israel gefunden hat. Er ist 13,6 Meter lang, seine Breite wird auf zwischen 3,5 und 4,5 Meter geschätzt, seine Höhe beträgt 3,5 Meter. Er dürfte ungefähr 570 Tonnen wiegen!

Hier, am Fuß des Tempelbergs vermischt sich die Erinnerung an die jüdische Vergangenheit mit der Hoffnung für die Zukunft, begegnen sich Pilger, jüdische wie nichtjüdische, aus aller Welt – genau wie vor 2000 Jahren auf den prachtvollen Höfen von Herodes' erweitertem Tempel.

Als mehr als schmerzlich wird das Fehlen handgreiflicher Beweise aus der Zeit des Ersten und Zweiten Tempels empfunden. Denn, davon war schon die Rede, der *Waqf,* die für den Tempelberg zuständige muslimische Behörde, untersagt jede Grabung auf dem Areal des ehemaligen Tempelbergs, sowohl auf dem Gelände oben als auch in den unterirdischen Strukturen darunter. Dahinter verbirgt sich möglicherweise eine sehr politische Argumentation: Solange auf dem Tempelberg keine archäologischen Beweise für die Existenz eines jüdischen Tempels gefunden werden, können die Muftis behaupten, es habe ihn nie gegeben. Ihnen zufolge ist der Tempel eine moderne jüdische Erfindung, die das Ziel habe, den Tempelberg dem Islam zu entreißen.

Zum Beweis dafür, dass es sich bei dieser Aussage um keine Erfindung der Verfasserin dieser Zeilen handelt, seien mehrere diesbezügliche Aussagen verschiedener arabischer Gelehrter und Kleriker zitiert. Über Jahrhunderte hinweg bis zum Jahr 1967 – als Israel im Sechstage-Krieg die Jerusalemer Altstadt einschließlich dem ehemaligen Tempelgebiet einnahm – war die Geschichte des jüdischen Tempels mit Details über seine Erbauung, Überlieferungen bezüglich seiner Existenz und auch Details über die Zerstörung des Ersten Tempel durch Nebukadnezar ein fest verankertes und unbestrittenes Motiv auch in der muslimisch-arabischen Literatur. Ebenso identifizieren klassische arabische Quellen die Stelle, an der die al-Akza-Moschee steht, als den Ort, an dem sich Salomos Tempel erhob. Selbst im 20. Jahrhundert – aber noch vor 1967 – schrieb der palästinensische Historiker Araf al-Araf, der Ort des Haram al-Sharif sei derjenige des Berges Morija, der im Buch Genesis genannt wird. Hier war die Tenne von Arauna, dem Jebusiter, die ihm

David abkaufte, um dort im Jahr 1007 v.d.Z. (sic!) den Tempel zu bauen. Er fügt hinzu, die Überreste des Komplexes unter der al-Akza-Moschee datierten aus der Zeit Salomos. Diese Aussagen wurden zu einer Zeit geschrieben, als die Altstadt von Jerusalem von Jordanien besetzt gewesen war. In neuen arabischen Schulbüchern, die seit 1967 verfasst wurden, sind solche Aussagen allerdings nicht mehr zu finden. Was findet man dagegen heute? Vor einigen Jahren erschien auf der Webseite des ägyptischen Archäologen Abed al-Rahim Rihan Barakat, des Leiters der archäologischen Abteilung in der Region Dahab auf der Halbinsel Sinai, ein Artikel, in dem er schreibt: „Die Legende über den jüdischen Tempel ist die größte Fälschung." Und er fährt fort zu erklären, dass David und Salomo nur kleine Gebethäuser und keinerlei Verbindung zu einem Tempel gehabt hätten. Mit dieser Meinung steht er nicht allein. Der saudiarabische Historiker Mohammed Hassen Sharab behauptet, Salomos Tempel habe an der Stelle gestanden, an der sich heute die Davidzitadelle befindet. Eine *Fatwa* auf der Webseite des *Waqf* in Jerusalem besagt, Salomo und Herodes hätten den Tempel nicht gebaut, sondern lediglich seine frühere Konstruktion aus Adams Zeit renoviert. Gemäß einer weiteren muslimischen Version, die in den letzten Jahren großen Anklang findet, stand der Tempel der Juden im Jemen (sic!!!)!

Andere Stimmen argumentieren, die al-Akza-Moschee – gemäß moderner Forschung vor etwa 1400 Jahren erbaut – sei eine Moschee, die zur Zeit der Schaffung der Welt zu Adams oder etwas später, zu Abrahams Zeit entstanden sei. Dieser Meinung ist auch Scheich Ikrama Sabri. Er schreibt den Bau der heiligen Moschee in Mekka und des al-Akza-Komplexes nämlich ebenfalls Adam zu, die Erneuerung der Kaaba Abraham und die Renovierung von al-Akza Salomo. Dabei wäre noch zu ergänzen, dass alle drei als muslimische Propheten gelten. Auch der bereits zitierte saudiarabische Historiker Mohammed Hassen Sharab behauptet, al-Akza sei von Adam erbaut worden. Gemäß der Behauptung eines weiteren saudiarabischen Historikers hat die al-Akza-Moschee bereits vor Jesus und Moses existiert. Eine andere Überlieferung, die gerne von heutigen muslimischen Autoren zitiert wird, schreibt den Bau von al-Akza Abraham zu. Diese Überlieferung besagt auch, Abraham habe al-Akza vierzig Jahre nach dem Bau der Kaaba, die er gemeinsam mit seinem Sohn Ismael errichtete, gebaut.

Als Kuriosum sei vielleicht noch ein Zitat aus der neueren arabischen Geschichtsschreibung gebracht. Demnach sei die jüdische Präsenz in Jerusalem nur kurz, etwa 60 oder 70 Jahre, und sie rechtfertige daher nicht die jüdische Souveränität über die heilige Stadt. Der Tempel habe nie existiert, und der Tempel von Salomo – wobei Salomo einzig und allein als islamische Figur betrachtet wird – sei höchstens ein persönlicher Gebetraum gewesen. Die Westmauer sei eine heilige muslimische Mauer, deren Verbindung zum Judentum im 19. oder 20. Jahrhundert für politische Zwecke erfunden worden sei. Gemäß ranghohen Offiziellen des Waqf in Jerusalem sei es überdies undenkbar, dass eine archäologische Ausgrabung an dieser heiligen Stelle jemals erlaubt werden würde.

Bis zum Jahr 2006 blieb der Berg also weitgehend unerforscht. Der israelische Archäologe Professor Gabriel Barkay ist daher besonders stolz, bereits mehr als 1000 Kleinfunde sowie mehr als 3500 Münzen aus dem Herzen des Berges Morija entdeckt zu haben. Denn ausgerechnet die Zerstörungstaktik des Waqf hat die Entdeckung dieser Funde ermöglicht. Erst seit dem Ende der 1990er Jahre begann der Waqf mit seinen großen Bauprojekten im Inneren des Tempelbergs. Motivation dafür war vermutlich die Angst, im Rahmen eines Friedensabkommens, denn darüber verhandelten Israelis und Palästinenser zu jenem Zeitpunkt, Teile des geheiligten Areals an die Juden abgeben zu müssen. Im Verlauf nur weniger Monate öffnete der Waqf ungefähr 50 leere Räume im Berg und entfernte deren Inhalt, der die Jahrtausende alte Geschichte der jüdischen und damit auch der westlichen Zivilisation enthält. 1999 entstand in Gewölben, die einst Herodes und später die Kreuzritter ausgebaut hatten, die größte unterirdische Moschee der Muslime im Land. Gleichzeitig nutzte der Waqf die Erlaubnis, einen Notausgang für die Moschee zu bauen, um umfassende Bauarbeiten vor Ort auszuführen. In die Südostecke des Bergs wurde ein heute 12 Meter tiefes Loch getrieben. Planierraupen wühlten wochenlang das Erdreich im Berg auf. Der Waqf ließ tausende Lastwagenladungen archäologisch wertvollen Gerölls auf Müllkippen in Ostjerusalem deponieren. Dabei zerstörte der Waqf alte, auch islamische Bauten, und verursachte irreparablen wissenschaftlichen Schaden. Der Notausgang wurde zum heutigen Haupteingang der al-Marwani-Moschee. Er ist gepflastert mit Jahrtausende alten Pflastersteinen, die neu zugeschnitten wurden. Es ist anzunehmen, dass dabei alte Inschriften und Reliefs zerstört wurden. Mitarbeitern der *Israel Antiquities Authority* wurde der Zugang zu den Arbeiten verweigert.

Diese Zerstörung war Barkay nicht bereit, einfach so hinzunehmen. Nur einen Kilometer entfernt vom Tempelberg stehen Freiwillige im *Emek-Zurim*-Park und durchsieben Kübel für Kübel Erde, die der Waqf als Bauschutt in die Wadis vor der Altstadt Jerusalems kippte.

Auf diese Art versucht Barkay, aus dem Geröll archäologische Informationen zu retten, allerdings kann er dabei nur Kleinfunde, die in der Regel kaum größer als fünf Zentimeter sind, machen, denn alle großen Steinblöcke wurden vom Waqf zum Bau der Moschee benutzt. 35 Prozent der Funde lassen sich gemäß Barkay in die Zeit des Ersten Tempels zurückdatieren. Der älteste Fund ist die Plombe eines Geldbeutels, auf dem noch der Familienname des Eigentümers erkennbar ist. Die einflussreiche Priesterfamilie „Imer" wird im Buch Jeremias erwähnt. Im September 2005 fischte Barkay aus dem Geröll ein Siegel aus der Zeit des Ersten Tempels. Der weniger als einen Zentimeter große Gegenstand mit hebräischen Lettern ist durchaus als ein Indiz dafür zu betrachten, dass der Erste Tempel des Volkes Israel einst an dieser Stelle gestanden hat. Das historische Siegel besteht aus gebranntem Ton und ist mit drei Zeilen Schrift versehen. Vermutlich wurde dieses Siegel ursprünglich für offizielle Dokumente und Briefe verwendet. Und dieses Siegel ist nicht das einzige, das gefunden wurde. Auch andere Funde, an anderen Stellen rund um den Tempelberg gefunden, verweisen auf die Zeit des Ersten Tempels und auf Personen, die in der Hebräischen Bibel erwähnt sind. In einem Gebäude aus dem 7. Jahrhundert v.d.Z., das israelische Archäologen unter der Leitung von Shlomit Wexler-Bdolah von der Israel Antiquities Authority 2008 freilegten, wurde ein seltenes, außerordentlich gut erhaltenes Siegel aus der Zeit des Ersten Tempels gefunden. Es ist aus schwarzem Stein gefertigt, ellipsenförmig und hat einen Durchmesser von ungefähr 1,2 Zentimetern. Es zeigt die Abbildung eines Pfeilschützen, der gerade einen Pfeil von seinem Bogen abschießt. Der Name des Schützen ist in althebräischer Schrift daneben eingraviert: LCHGB, was „Für Chagab" bedeutet. Der Name Chagab ist in der Bibel in Esra 2,46 erwähnt, wo die Nachkommen der Tempeldiener aufgelistet sind. Ebenfalls im Jahr 2008 fanden andere Archäologen das Siegel Gedaljas, dem Sohn Paschhurs. Gedalja war nicht nur der Name eines Beraters von König Zedekia, der vor 2600 Jahren über das Südreich Juda herrschte (597–586 v.d.Z.), er wird auch beim Propheten Jeremia im ersten Vers von Kapitel 38 genannt. Schon drei Jahre zuvor, 2005, waren die Archäologen auf ein Siegel von Juchal, dem Sohn Schelemjas gestoßen, auch er in Jeremia 38 im ersten Vers zusammen mit Gedalja und anderen erwähnt. 1982 war der israelische Archäologe Yigal Shiloh ganz in der Nähe der späteren Funde auf ein Lager mit mehreren Bullen bzw. Siegeln gestoßen. Dort fand sich auch das Siegel des Gemarja, dem Sohn Schafans. Er war während der Herrschaft von König Jojakim (608–597) als Schreiber tätig und kommt ebenfalls in

der Hebräischen Bibel vor. Als ebenfalls einer der ältesten Funde gilt
eine babylonische Pfeilspitze, die aus dem Jahr 586 v.d.Z. stammen
dürfte, also aus der Zeit der Zerstörung des Ersten Tempels. Es sollte
vielleicht noch einmal betont werden, dass alle soeben vorgestellten
Funde auf die Zeit des Ersten Tempels – vor seiner Zerstörung im Jahr
587/6 durch die Babylonier – datiert werden.

Daneben gibt es auch Funde aus der Zeit des Zweiten Tempels. Die
älteste Münze ist eine persische, auf die das Wort *Jehud* geprägt ist.
Allem Anschein nach stammt sie aus der Zeit der Rückkehr aus dem
Babylonischen Exil. In dem Schutt aus dem Inneren des Tempelbergs
fand Barkays Team ebenfalls eine gut erhaltene Münze. Sie war zwischen 175 und 163 v.d.Z. von Antiochus IV. Epiphanes geprägt worden. Auf einer Seite der Münze ist das Porträt von Antiochus, dem
Seleukiden-König, zu sehen. Wie schon oben erwähnt, war Antiochus
der Besatzer, gegen den sich die Hasmonäer erhoben. Eine Halbsche-
kel-Münze, im Schutt aus dem Tempelberg geborgen, datiert aus der
Zeit des ersten jüdischen Kriegs gegen die Römer, 67–70 d.Z., und
dürfte gegen 66 oder 67 d.Z. geprägt worden sein. Die Vorderseite der
Münze ziert ein Zweig mit drei Granatäpfeln, und die althebräischen
Buchstaben sprechen vom „Heiligen Jerusalem". Mit einem halben
Schekel zahlten die Judäer ihre Tempelsteuer gemäß dem Gebot in Ex-
odus 30,13: „Das sollen sie geben … einen halben Schekel nach dem
Schekel des Heiligtums … die Hälfte des Schekels, als Hebe dem Ewi-
gen." Zwar war diese Münze gut erhalten, sie wurde aber durch ein
Feuer leicht beschädigt. Nach Ansicht von Experten war das dasselbe
Feuer, das den Zweiten Tempel im Jahr 70 d.Z. zerstörte. Die gleichen
Experten sind auch der Meinung, dass derartige Halbschekel-Münzen
auf dem Tempelberg selbst von den Tempelbehörden geprägt wurden.
Die gefundene Münze ist die erste ihrer Art, die anscheinend direkt
vom Tempelberg stammt, wurde sie doch in dem Schutt gefunden, der
aus seinem Inneren entfernt wurde.

Scherben von Tongefäßen mit Brandspuren erzählen die Geschichte
der Zerstörung des Zweiten Tempels durch die Römer im Jahr 70 d.Z.
Funde aus jüngerer Zeit wie Kreuzfahrermedaillons, Münzen aus der
Regierungszeit von König Balduin V. von Jerusalem, islamische Münzen und unzählige Schmuckstücke spiegeln die Kämpfe um die Vor-
herrschaft in Jerusalem wider. Vorläufig, d.h. bis 2008, hat Professor
Barkay mit der Unterstützung von über 40.000 Freiwilligen, wie schon
erwähnt, mehr als 3500 Münzen aus dem Schutt gesiebt, den die Wa-
qf-Behörden aus dem Inneren des Tempelbergs einfach im Emek-Tzu-
rim-Park entsorgten.

Seit dem 10. Jahrhundert v.d.Z. ist Jerusalem Regierungssitz. In der Hebräischen Bibel wird sehr genau die Planung und der Ausbau der Stadt als Hauptstadt des Königreichs Israel, des späteren Juda, beschrieben. Denn mehrere Bereiche der Stadt werden damals wiederaufgebaut oder kommen neu hinzu. Hierzu gehören Befestigungsanlagen, die Zitadelle, der Palast sowie der Tempel und seine Anbauten (1. Kön. 9,15). Am östlichen Abhang der Davidstadt fand man verschiedene bauliche

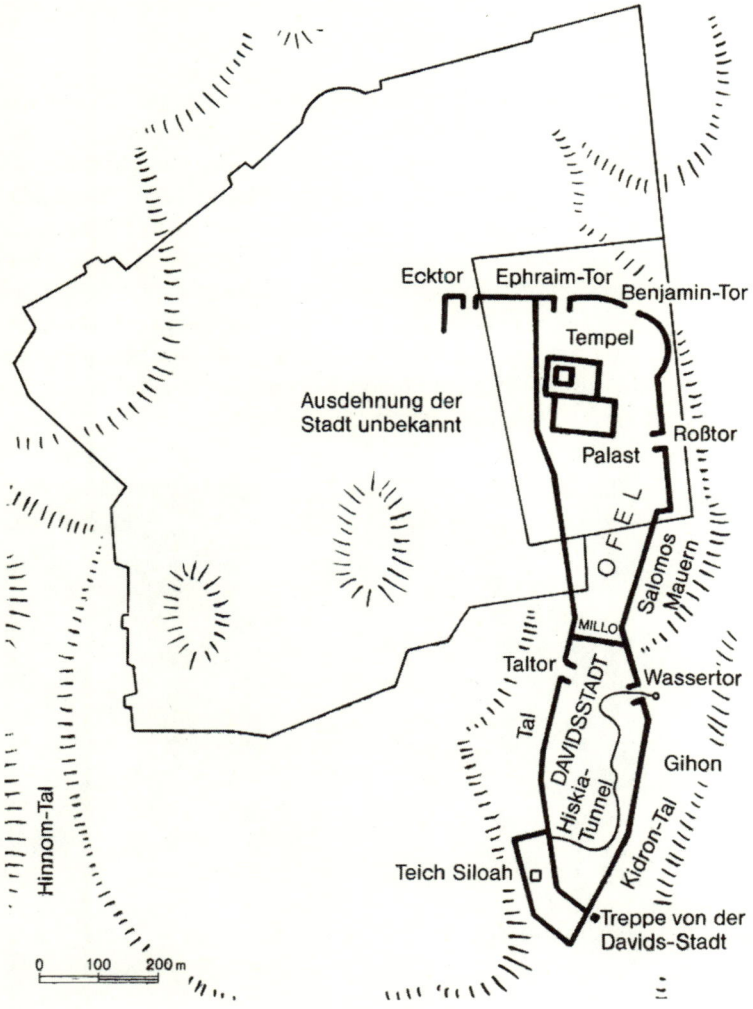

Abb. 5: Jerusalem zur Zeit Davids, um 1000 v.d.Z.

Strukturen, Fußböden und Keramik aus dem 10. Jahrhundert v.d.Z.
Anscheinend wurden die Fundamentreste der ursprünglich kanaanä-
ischen Festung mit einer terrassierten Steinstruktur überdeckt, die noch
bis zu einer Höhe von 18 Metern erhalten ist. Sie diente wahrscheinlich
als massive Stützmauer und als Fundament für Davids Zitadelle. Auf
diesem Gebiet befanden sich vermutlich repräsentative Gebäude in
einem Baustil, wie er auch in anderen königlichen Zentren in Juda und
Israel im 10. und 9. Jahrhundert v.d.z. üblich war. Möglicherweise befand sich der *Millo* auf dem Sattel, der den Tempelberg vom Ophel
trennt (2. Sam. 5,9; 1. Kön. 9,15).

Gleich nebenan, im heutigen arabischen Dorf Silwan, südlich des
Tempelbergs, wurden im Jahr 2005 die Überreste eines großen Gebäudes aus der Zeit des Ersten Tempels gefunden. Nach Einschätzung der
Grabungsleiterin, Dr. Ayelet Mazar von der Hebräischen Universität,
sind das die Überreste eines öffentlichen Gebäudes, vielleicht sogar
eines Palastes aus den Tagen der Könige. Einige Enthusiasten gehen
sogar soweit, es mit König Davids Palast zu identifizieren. Außer der
Wand des Gebäudes wurden Reste aus der Zeit des Ersten Tempels,
importierte Werkzeuge und ein Münzsiegel gefunden, beschriftet in
Althebräisch, das den Namen „Jehochai Ben Schalmijahu" trägt, der
schon in der Bibel erwähnt wird.

Abb. 6: Terrassierte Struktur in der Davidstadt, möglicherweise Davids *Millo*.

In einer dreimonatigen Ausgrabungskampagne im Jahr 2009/2010 legt Dr. Mazar außerdem einen bisher unbekannten Teil der antiken Stadtmauer frei. Diesen Abschnitt der Stadtmauer datiert sie auf das 10. Jahrhundert v.d.Z. Die ausgegrabene Stadtmauer hat eine Länge von 70 Metern, und sie ist sechs Meter hoch. Sie liegt in dem als Ophel bekannten Bereich zwischen der Davidstadt und der Südmauer des Tempelbergs. Zur Stadtmauer gehören außerdem ein inneres Torhaus, das zum königlichen Viertel der Stadt führte, eine zum Königsviertel gehörende Struktur beim Torhaus sowie ein Eckturm, der einen beträchtlichen Abschnitt des angrenzenden Kidrontals überblickt. Vergleicht man diesen jüngsten Fund mit schon bekannten Stadtmauern und Toren aus der Zeit des Ersten Tempels, kann man gemäß Dr. Mazar mit ziemlicher Sicherheit sagen, dass die entdeckte Mauer von König Salomo in Jerusalem Ende des 10. Jahrhunderts errichtet wurde. Das entspricht ihr zufolge dem Bibelbericht, wonach Salomo den Tempel und seinen neuen Palast mithilfe der Phöniker, den damals hervorragendsten Baumeistern, errichtete und beides mit einer Stadt umgab, ihrerseits geschützt von einer Stadtmauer. Das noch bis zu einer Höhe von sechs Metern stehende Torhaus entspricht vom Stil her ähnlichen Bauten aus der Zeit des Ersten Tempels, wie sie in Megiddo, Beerschewa und Aschdod gefunden wurden. Es hat einen symmetrischen Grundriss mit zwei gleich kleinen Kammern zu jeder Seite des Hauptdurchgangs. Daneben stand ein großer Turm, der eine Fläche von 24 mal 18 Metern bedeckt und wohl den Eingang in die Stadt schützen sollte. Der Hof dieses großen Turms muss wohl als öffentlicher Bereich gedient haben, in dem man sich versammelte, Recht sprach und möglicherweise Handel betrieb.

Auch die im unteren Bereich des königlichen Baus beim Torhaus gefundenen Tonscherben datiert Dr. Mazar auf das 10. Jahrhundert v.d.Z. Darunter hat sie die Überreste großer Vorratskrüge gefunden, die bis zu 1,15 Meter hoch waren und das Feuer überstanden. Es sind die bisher größten Vorratskrüge, die je in Jerusalem gefunden wurden. Eine Inschrift, die sich auf einem erhalten hat, kündet davon, dass er einem Regierungsbeamten gehörte, möglicherweise, spekuliert Dr. Mazar, der Person, die für die Lieferung von Backwaren an den Königshof zuständig war. Eine Reihe von Krughenkeln weist das Wort *le-Melech,* „Für den König", auf.

Diese Funde von Siegeln und Krügen aus der Zeit des Ersten Tempels sowie der Fund der kolossalen Fundamente in der Davidstadt dürften, zusammen mit der terrassierten Struktur, Anlass zum Nachdenken

geben, rütteln sie doch an den Behauptungen arabischer Wissenschaft-
ler, die die Existenz eines Tempels in Jerusalem leugnen, sowie an den
Thesen der bibelungläubigen Minimalisten, wonach Jerusalem lediglich ein staubiges Provinznest, der Erste Tempel eine armselige Hütte
und David ein unbedeutender Lokalpatriarch und Straßenräuber gewesen sei. Schon der Fund eines gewaltigen Eckturms aus der Jebusi-
ter-Zeit vor einigen Jahren zeigte mehr als deutlich, dass David beim
Bau seiner Hauptstadt durchaus an wuchtige Baukerne anknüpfen
konnte.

DIE SYNAGOGE: RAUM UND FUNKTION

Bevor wir uns der Entstehungsgeschichte und Entwicklung dieser Einrichtung mit dem Namen Synagoge mithilfe handfester Beispiele in Jerusalem zuwenden, sollen zunächst einmal Synagogeneinrichtung und G-ttesdienst vorgestellt werden.

Beginnen wir beim Anfang. Eigentlich ist es völlig unwichtig, wie eine Synagoge gebaut ist oder in welchem Stil. Weitaus wichtiger ist die Tatsache, welchem Zweck die Synagoge dient. Für einen G-ttesdienst benötigt man lediglich eine Truhe, einen Tisch und ein paar Stühle – unter der Voraussetzung, dass der Raum durch die Anwesenheit einer Thora-Rolle und von zehn religionsmündigen Männern zu einem religiösen Raum wird. Seine Funktion hängt mit der Thora-Rolle und den Männern zusammen, nicht mit dem Mobiliar und den Wänden. Sie und anderes sind lediglich Beiwerk.

Sind diese beiden Voraussetzungen erfüllt, kommen wir noch einmal auf die schon oben gestellte Frage zurück: Welchem Zweck dient der Raum? Schon weiter oben wurden die drei hebräischen Namen einer Synagoge kurz angesprochen, die genau das erklären. Der erste Name, Beth-ha-Knesseth, „Haus der Zusammenkunft", ist auf den ersten Blick verständlich und verweist nach Ansicht der Verfasserin dieser Zeilen zugleich auf den Ort seiner Entstehung. Als nämlich die Babylonier im Jahr 587 v.d.Z. die Oberschicht und die wichtigsten Handwerker ins Exil führten, wollten die Verschleppten zweifellos auch im Exil zusammenbleiben, zusammenhalten und die Erinnerung an die alte Heimat bewahren, aus der sie gewaltsam gerissen worden waren. Sie wollten nicht einfach so vom Erdboden verschwinden, wie es knapp zweihundert Jahre zuvor, im Jahr 720 v.d.Z., mit den zehn Stämmen geschehen war, die von einer anderen Großmacht aus dem Norden, Assyrien, im Rahmen einer ethnischen Säuberung allesamt nach Assyrien verschleppt worden waren und seither als verschollen gelten. In Klammern sei noch angefügt, dass an ihrer Stelle die Samariter im ehemaligen Nordreich Israel angesiedelt wurden, auch sie gewaltsam ihrer ursprünglichen Heimat entrissen.

Da in der Fremde keine der im Tempel üblichen Tieropfer dargebracht werden konnte, führten die Exilanten stattdessen den Gebetgttesdienst ein. Auf diese Funktion weist denn auch der zweite hebrä-

ische Name einer Synagoge hin: Beth-Tfilá, „Haus des Gebets". Wie
gebetet wird, davon soll etwas später die Rede sein.

Der dritte hebräische Name einer Synagoge ist dagegen schon etwas
kryptischer: Beth-Midrasch, „Lehrhaus". Demnach kamen die Exilanten, anfangs wohl in Privathäusern, zusammen, um nicht nur gemeinsam zu beten, sondern auch, um die schon damals existierende Thora,
d.h., den Pentateuch zu studieren. Die Thora enthält bekanntlich die
613 Gebote, die ein Jude, die eine Jüdin einhalten muss. Im eigenen
Land bereitete das keine besonderen Schwierigkeiten, wohl aber in der
nun völlig neuen, zu Beginn unbekannten und zum Teil wohl auch
feindlichen Umgebung. Diese Einrichtung der Synagoge war im Ver-
gleich zum Tempel revolutionär. Denn, wie schon zuvor erwähnt,
durften den Tempel selbst nur Dienst habende Priester betreten, die
Beter waren auf die Tempelhöfe beschränkt und mussten sich an einen
solchen Priester wenden, wollten sie mit ihrem G-tt kommunizieren.
Die Synagoge ist dagegen für jeden frei zugänglich, und jeder kann sich
dort direkt an seinen Schöpfer wenden. Daher ist es kein Wunder, dass
die Heimkehrer nach Juda und Jerusalem auch die Synagoge in ihre
Heimat mitnahmen. Aber noch sind wir nicht soweit.

Wie schon eingangs gesagt, benötigt man, um zum gemeinsamen
Gebet und Studium zusammenzukommen, eigentlich keinen besonderen, vor allem aber keinen besonders prächtigen Raum. Damit ein
Raum, und zwar jeder beliebige Raum, von Juden als Betraum genutzt
werden kann, sollte er, auch davon war schon die Rede, lediglich mit
zwei wichtigen Elementen ausgestattet sein: einer Truhe für die Thora-
Rolle und einem Tisch, auf den die Thora-Rolle zum Vorlesen gelegt
werden kann. Daraus haben sich im Laufe der Jahrhunderte einerseits
der Thora-Schrank und andererseits die *Bima,* das Vorlesepult, entwik-
kelt. Dieser *ARON HA-KODESCH,* wie der Thora-Schrank auf Hebräisch
heißt, steht stets an der Wand, die auf Jerusalem ausgerichtet ist. Liegt
die Synagoge zum Beispiel in Deutschland, ist die Ostwand der richtige Ort für den Thora-Schrank. Bei der jüdischen Gemeinde im Jemen
steht er dagegen an der Nordwand. In den Synagogen in Jerusalem
befindet sich der Thora-Schrank an der Wand, die in Richtung Tempelberg blickt, sodass es durchaus vorkommen kann, dass die Südwand
der für den Aron ha-kodesch passende Platz ist. Ein schönes Beispiel
dafür ist die weiter unten vorgestellte Hecht-Synagoge der Hebräischen
Universität auf dem Skopus-Berg. Dort ersetzt ein riesiges Panoramafenster an der Südseite den Schrank (Abb. 35), sodass der Beter in
dieser Synagoge direkt auf den Tempelberg blickt, während die Thora-

Rollen in einem Schrank rechts und links vom Fenster untergebracht sind.

Als zweites wesentliches Element eines jüdischen Betraums gilt das Vorlesepult, generell als BIMA bezeichnet, orientalische Juden nennen es *Tewa*, und gelegentlich ist auch *Almemor* zu hören oder zu lesen. Dieser Begriff erfreut sich vor allem bei Nichtjuden größerer Beliebtheit als die beiden Erstgenannten. Im vorliegenden Text wird durchweg die Bezeichnung Bima verwendet. Anhand ihres Standorts im Raum lässt sich erkennen, nach welchem Ritus in einer Synagoge gebetet wird. Traditionell steht die Bima in der Mitte des Raums, während die Sitzbänke entlang den Längsseiten des Raums verlaufen, sodass die Beter auf Bima und Thora-Schrank gleichermaßen blicken und die Handlung verfolgen können. Der Raum zwischen beiden Elementen bleibt gewöhnlich frei, denn hier finden gewisse rituelle Handlungen wie das Händewaschen der Cohanim vor dem Priestersegen statt. Als Beispiele für diesen Standort einer Bima sei auf die Jochanan-ben-Sakkai Synagoge (Abb. 15) und die Große Synagoge (Abb. 39) verwiesen. In sefardischen und hier insbesondere in italienischen Beträumen wird die Bima dagegen bis an die Westwand des Raums geschoben. Auch hier verlaufen die Sitzbänke an den Längsseiten des Raums. Als Beispiel dafür sei auf die weiter unten eingehend besprochene Italienische Synagoge (Abb. 29) in Jerusalem verwiesen. Als sich die Juden zu Beginn des 19. Jahrhunderts in Deutschland um Emanzipation und Gleichberechtigung bemühten, verließen sie das Ghetto, wenn sie durften, kleideten sich wie ihre nichtjüdischen Nachbarn, lernten Hochdeutsch und passten das Synagogeninnere protestantischen Kirchen an – ohne Kreuz und Taufbecken, versteht sich. Im Jahr 1810 wurde die erste liberale Synagoge der Welt in einem kleinen Ort namens Seesen am Harz eingeweiht. Israel Jacobson, Vorsitzender des *Consistoire* – damals gehörte Seesen am Harz zum Königreich Westfalen, das kurze Zeit von Napoleons Bruder Jérôme regiert wurde –, verstand sich als Reformator. Er baute seine Synagoge, die zu der von ihm gegründeten Jacobson-Schule gehörte, ähnlich der St.-Andreaskirche in dem kleinen Ort und führte wesentliche Neuerungen sowohl im Bau als auch in der Liturgie ein. Er schob die Bima ganz dicht an den Thora-Schrank im Osten heran. Gleich dahinter, zwischen beiden, stellte Jacobson eine Kanzel auf. Den solchermaßen freigewordenen Raum bis zur Westwand füllte er mit Sitzbänken mit einem Gang dazwischen wie in einer Kirche. Diese Anordnung der Sitzbänke wird seither generell auch in Synagogen übernommen, in denen die Bima immer noch in der Raummitte steht. Unter den in diesem Buch

vorgestellten Synagogen entspricht die Innenanordnung in der Elijahu-
ha-Nawi Synagoge (Abb. 20) diesem Vorbild.

Betrachtet man sich Thora-Schrank und Bima genauer, wird eine Be-
sonderheit ins Auge fallen: Zu beiden führen, meistens drei Stufen hinauf bzw. hinunter. Heute ist dieses Podium vor dem Thora-Schrank
generell so breit wie der Thora-Schrank selbst. Früher war es oft schmaler, und dann führten bis zu fünf oder sieben Stufen hinauf. Im Fall des
Thora-Schranks ist das Hinuntergehen das Wichtigere. Denn wie
heißt es doch in Psalm 131,1? „Aus der Tiefe rufe ich zu dir!" Von dort
geht es schnurstracks auf die Bima zu, die wiederum erhöht auf einem
Podium steht. Damit soll symbolisch die Situation am Berg Sinai dargestellt werden: Als Moses auf dem Berg Sinai stand und die Thora
sowie die zehn Gebote aus der Hand G-ttes entgegennahm, stand er
oben auf dem Berg, und das Volk war zu seinen Füßen versammelt.
Und so ist es auch bei der Thora-Lesung, auf die noch zurückzukommen sein wird: Der *Ba'al koré*, der Vorleser, steht hinter dem Pult und
blickt zum Thora-Schrein und damit nach Jerusalem, während er aus
der Thora vorliest. Die Beter sitzen ihm zu Füßen drum herum. Ver-
schiedenartig gestaltet ist oft das Gitter oder die beinahe brusthohe
Brüstung, in die die Zugänge zum Vorlesetisch eingelassen sind, um
die Bima herum. Solch eine Brüstung ist unbedingt nötig. Verhindert
sie doch, dass eine der auf der Bima agierenden Personen herunterfällt.

Vor dem Thora-Schrank hängt ein großer, meistens bestickter Vorhang, der *PAROCHET* auf Hebräisch. Solch einen Vorhang fertigte
Bezalel, der erste namentlich genannte Künstler der Welt, auf G-ttes
Befehl für das Stiftszelt an: „Und mache einen Vorhang ... Und bringe
den Vorhang unter die Haken und bringe dorthin innerhalb des Vor-
hanges die Lade des Zeugnisses" (Ex. 26, 31–33). Solch ein Vorhang
trennte im Stiftszelt das Allerheiligste vom Heiligen, und solch ein Vorhang hing sowohl im Ersten als auch im Zweiten Tempel und hatte
dieselbe Aufgabe. Nach der Zerstörung des Zweiten Tempels im Jahr
70 d.Z. durch die Römer wurde dieser Vorhang vor den Thora-Schrank
gehängt. Und dort befindet er sich auch heute noch in jeder Synagoge:
Auch hier trennt er das Allerheiligste, das heißt, den Schrank mit den
Thora-Rollen, die G-ttes Wort enthalten, vom Heiligen, vom Betraum
selbst. Im 18. Jahrhundert wird, vor allem in Süddeutschland und Osteuropa, vor den Vorhang noch ein Querbehang, auf Hebräisch *Kapporet* genannt, gehängt.

Solch ein Parochet war, genau wie der Querbehang, in der Vergangenheit oft das Werk jüdischer Kunststicker oder aber jüdischer Frauen, die ihn bestickten und der Synagoge schenkten. Deshalb enthält die Inschrift auf dem Vorhang, meistens nur auf Hebräisch, den Namen des Spenders, den Zweck der Spende, meistens zum Andenken an ein Familienmitglied, sowie den Ort und das Datum der Spende. Beliebt als Motive sind, im Allgemeinen im oberen Bereich des Vorhangs, zwei aufgerichtete Löwen, in der jüdischen Ikonographie als die Wächter der Thora sowie als Symbol des Stammes Juda verstanden Sie halten die Krone der Thora. Häufig stehen diese Löwen jeweils auf einer Salomonischen, das heißt, gewundenen Säule, während die beiden Säulen ihrerseits die beiden Gesetzestafeln flankieren, auf denen, wiederum auf Hebräisch, die Anfangsworte der Zehn Gebote stehen. Die Widmungsinschrift befindet sich im unteren Drittel des Vorhangs. Auf dem Kapporet sind im Allgemeinen die Tempelgeräte zu sehen, deren Zusammenstellung eher willkürlich ist. Es kommen die *Menora,* der siebenarmige Leuchter, mit dem Ölkrug dafür und der Waschkrug für die Cohanim, die Priester, ebenso vor wie die Gesetzestafeln und der Schaubrottisch.

Dieser Vorhang und die beiden Türen des Thora-Schranks werden nur an dem Punkt des G-ttesdienstes geöffnet, an dem eine Thora-Rolle zur Lesung herausgenommen wird. Beide sind während der Lesung wieder geschlossen und werden nur geöffnet, um die Thora-Rolle nach der Lesung erneut hineinzustellen. Wird der Thora-Schrank geöffnet und werden damit die Thora-Rollen sichtbar, steht die Gemeinde zu Ehren des so sichtbar gewordenen Wortes G-ttes auf.

Vor dem Thora-Schrank an der Ostwand, immer ist die Rede von Europa, hängt das Ewige Licht, auf Hebräisch *NER TAMID.* Es wird bei der Einweihung einer Synagoge gleich zu Beginn der Feier angezündet und brennt, wie sein Name besagt, ununterbrochen. Es kann dazu eine ständig zu erneuernde Kerze oder aber stetig nachgegossenes Olivenöl verwendet werden. In einigen Synagogen dient schlicht und einfach elektrisches Licht, das ständig eingeschaltet ist, als das Ewige Licht. Form und Brennvorrichtung des Ewigen Lichts hängen ganz vom Geschmack einer Gemeinde oder den Vorschlägen der ausführenden Künstler ab. Es muss lediglich ein Licht sein, das ständig brennt.

So wie wir das Ewige Licht jetzt vor dem Thora-Schrank hängen sehen, kann es auf eine Tradition bis ins 17. Jahrhundert zurückblicken. Denn seit der Zeit, als Bezalel das Stiftszelt baute und das dazugehörige Mobiliar anfertigte, brannte dieses Ewige Licht stets in einem der sieben Arme der *MENORA*, des siebenarmigen Leuchters. Auch hier richtete Bezalel sich nach den Befehlen, die G-tt ihm gab: „Und mache einen Leuchter von reinem Golde, ... sein Fuß und sein Schaft ... Und sechs Röhren sollen von seinen Seiten ausgehen, drei Röhren des Leuchters von der einen Seite und drei Röhren des Leuchters von der andern Seite ...Und mache seiner Lampen sieben" (2. Mose 25, 31–37). In den meisten Fällen stehen in jeder Synagoge mindestens ein oder zwei siebenarmige Leuchter oder sie hängen an seiner Ostwand neben dem Thora-Schrank. Allerdings sehen sie generell nicht genauso aus, wie sie auf dem Titus-Bogen in Rom abgebildet wurden. Denn als die Römer den Tempel in Jerusalem zerstörten, nahmen sie die goldenen Kultgeräte mit nach Rom und bildeten sie auf diesem Triumphbogen ab. Deshalb weiß man, wie diese Menora aus dem Tempel aussah. Da diese Zerstörung nicht nur das Ende des Tempels bedeutete, sondern auch der staatlichen Unabhängigkeit der Judäer für die nächsten zweitausend Jahre ein Ende setzte und sie in alle Winkel der Welt zerstreut wurden, stellen Juden zumindest im rituellen Kontext aus Trauer über diese nationale Katastrophe die Menora nicht mehr so dar, wie sie einst im Tempel stand, sondern in einer leicht abgewandelten, heute oft auch abstrakten Form dar. In einigen Gemeinden schnitt man nach dem Zweiten Weltkrieg den Schaft, das heißt, den mittleren Arm ab, sodass die verbliebenen sechs Arme an die sechs Millionen ermordeten Juden erinnern.

Neben Thora-Schrank und Bima gibt es in der aschkenasischen Synagoge noch ein weiteres Möbelstück. Steht die Bima in der Mitte einer Synagoge, befindet sich, dicht an das Podium vor dem Thora-Schrank im Osten heran geschoben, die *AMUD*, die „Säule", ein schmales Pult auf einer einzigen Stütze. An diesem Pult wird in traditionellen aschkenasischen jüdischen Gemeinden das Morgengebet gesagt. Oft hat dieses kleine Pult eine nach zwei Seiten schwenkbare Pultplatte. Dann wird von dem Pult aus nicht nur das Morgengebet gesagt, sondern hier steht auch der Rabbiner am Schabbath-Morgen, um seine *Drascha,* seine Bibelexegese vorzutragen und Mitteilungen über religiöse Veranstaltungen in der Synagoge zu machen. In einer sefardischen Synagoge gibt es dagegen keine Amud, denn der G-ttesdienst findet größtenteils auf der Bima oder direkt vor dem Thora-Schrank statt.

Steht man am Eingang einer traditionellen aschkenasischen Synagoge, bilden Bima, Amud und Aron ha-kodesch mit dem Ewigen Licht davor eine Achse, die von Westen in den Osten ausgerichtet ist.

Eine weitere wichtige Regel betrifft die Sitzordnung in einer Synagoge. Traditionell beten Männer und Frauen getrennt voneinander. Dafür findet sich in der gesamten Hebräischen Bibel kein Beleg, vielmehr geht diese Regelung auf einen *Minhag*, einen Brauch zurück. Ein Blick auf den Grundriss des Zweiten Tempels offenbart, dass es schon im Tempel eine solche Geschlechtertrennung gab: Neben einem Hof für Nichtisraeliten, die sich, wie schon erwähnt, dem Tempel bis zu einem bestimmten Punkt nähern durften, ist dort klar und deutlich ein Frauenhof und nebenan ein „Hof der Israeliten" zu sehen. Wie praktisch alle Völker rund um das Mittelmeer herum, durfte das gewöhnliche Volk in der Antike nicht das Tempelinnere betreten, dieses war ausschließlich den Dienst tuenden Priestern vorbehalten. Man betete im Freien, was ja an den meisten Tagen des Jahres durchaus möglich ist. Bei einer Reihe von Völkern war in der Antike Tempelprostitution üblich, erinnert sei an die Hetären in Rom. Das war für die Bewohner Judas einfach unerhört. Damit sich auch während der ausgelassensten Feste – die übrigens keine Bacchus-Feste waren, nein, man feierte nüchtern, denn auch ohne Alkohol kann man durchaus sehr fröhlich sein – wie zum Beispiel beim Wasserschöpffest im Herbst nichts Unschickliches ereignete, trennte man Männer und Frauen. Man weiß nicht, ob es in den Synagogen in Galiläa schon Frauenemporen gab, wenngleich bei der in Kapernaum eine solche Empore vermutet wird, obwohl in diesem Fall nicht klar ist, ob sie Frauen vorbehalten war, auf jeden Fall richtete man später in der Diaspora, das heißt, außerhalb von Israel, besondere Frauenabteilungen ein, die in verschiedenen Gestalten daherkamen. Die bekannteste dürfte die Frauenempore einen Stock über den Männern, meistens an den Längsseiten sowie an der Westwand gelegen, sein. Es gab und gibt aber auch andere Lösungen. Eine davon ist die Einrichtung eines Frauenbereichs hinter oder neben dem Betraum der Männer, dann aber durch einen von der Decke hängenden Vorhang abgetrennt. Oder eine Wand trennte den Männerbetraum von dem der Frauen, und durch kleine Fenster konnten die Frauen hören, was bei den Männern gebetet oder gelesen wurde. Eine letzte Möglichkeit, die vor allem in Südfrankreich in der päpstlichen Enklave um Carpentras anzutreffen war, stellte ein Betraum unterhalb dem der Männer dar, mit diesem durch ein Gitter verbunden. In den beiden letzten Fällen gab es für die Frauen häufig eine eigene Vorbeterin, die das wiederholte, was die Männer nebenan bzw. darüber gerade beteten und lasen.

An dieser Sitzordnung änderte sich erst im Laufe des 19. Jahrhunderts in den Vereinigten Staaten etwas. In den dortigen deutsch-libera-

len Gemeinden begann man damit, diese strenge Sitzordnung aufzu-
lösen und als logische Folge davon auch einen egalitären G-ttesdienst
einzuführen. Als nach dem Zweiten Weltkrieg in Deutschland wieder
jüdische Gemeinden gegründet wurden, führte man die so genannte
Einheitsgemeinde ein und damit auch den orthodoxen G-ttesdienst,
und zwar aus zwei praktischen Gründen. Am G-ttesdienst nach orthodoxem Ritus kann jeder Jude teilnehmen, an einem liberalen schon allein wegen der gemischten Sitzordnung nur liberale Juden. Außerdem
bildeten Juden aus Osteuropa die überwiegende Mehrheit in diesen neu
gegründeten Gemeinden, und die Juden aus Osteuropa von damals
waren von traditionell bis orthodox eingestellt. Erst als sich die Zahl der
Juden in Deutschland dank der Zuwanderung von Juden aus der ehemaligen Sowjetunion, die aufgrund eines Staatsvertrags zwischen dem
Zentralrat der Juden in Deutschland und der deutschen Regierung im
Jahr 1990 aus humanitären Gründen ermöglicht wurde, von gerade
einmal 28 000 Seelen auf gegenwärtig (im Jahr 2010) 120 000 stieg,
änderte sich das. Denn schon einige Jahre später wurde in vielen Städ-
ten mit einer jüdischen Gemeinde auch eine liberale jüdische Gemeinde gegründet. Und diese neuen jüdischen liberalen Gemeinden übernahmen die Sitzordnung aus den USA, das heißt, die gemischte.

In einer traditionellen und orthodoxen Gemeinde ist bis heute kein
Musikinstrument zu hören. Im Tempel in Jerusalem gab es einen Chor
von Priestern aus dem Stamm Levi und daneben sogar ein ganzes Or-
chester. Aber so wie man heute im rituellen Kontext keine Menora
darstellen wird, die so aussieht, wie die nach Rom verschleppte, ertönt
aus Trauer über dieses traumatische Ereignis im Leben des jüdischen
Volkes während eines orthodoxen G-ttesdienstes kein Instrument. Das
heißt aber nicht, dass überhaupt kein Gesang zu hören ist. Ganz im
Gegenteil. Der Vorbeter, auf Hebräisch *Chasan,* vor allem in den größeren jüdischen Gemeinden, wird immer auch deshalb ausgewählt,
weil er eine schöne Stimme hat. Denn zum einen steigert er damit die
Würde des G-ttesdienstes, und zum anderen klingt sein Lob G-ttes
noch überzeugender. Oft hat solch ein Chasan auch eine richtige Aus-
bildung als Opernsänger vorzuweisen, sodass die wunderschönen hebräischen Hymnen, die *Pijutim,* wie sie genannt werden, die Beter
rühren.

Als Israel Jacobson im Jahr 1810 seine liberale Synagoge in Seesen
am Harz baute, änderte er nicht nur den Ort, an dem die Bima steht,
sondern er stellte auch – zum ersten Mal überhaupt in einer Synagoge
– eine Orgel auf. Diese Neuerung übernahmen später alle liberalen

Synagogen in Deutschland. Oft stand diese Orgel auf einer vierten Empore in der Ostwand über dem Thora-Schrank – und häufig gab es dort noch Platz für einen Chor, anfangs einen Männerchor, später dann auch einen gemischten Chor. Die liberalen Gemeinden in den USA stellten ebenfalls eine Orgel in ihren Synagogen auf, und als Mitte der 1990er Jahre in Deutschland nach und nach liberale Synagogen gegründet wurden, war es selbstverständlich, dass immer eine Orgel oder, wenn sie anfangs nur über einen Betraum verfügten, ein Harmonium dabei war.

Dem Besucher einer Synagoge wird es schnell auffallen: Es gibt keine figürlichen menschlichen Darstellungen. Das geht zurück auf das zweite Gebot: „Du sollst dir kein Bild machen ... Du sollst dich nicht niederwerfen vor ihnen und ihnen nicht dienen" (2. Mose 20,4–5). Dieses Gebot wurde im Laufe der Jahrhunderte in praktisch allen Ländern, in die es Juden verschlug, strikt befolgt – mit zwei Ausnahmen: Die Mosaikböden von Synagogen hauptsächlich in Galiläa, die um das 4.–6. Jahrhundert entstanden, und die Synagoge in Dura Europos im heutigen Syrien aus dem 3. Jahrhundert. In den Ersteren sind mindesten in ein bis zwei Feldern Darstellungen von Menschen zu sehen, in Dura Europos sind die Synagogenwände von unten bis oben mit Darstellungen biblischer Geschichten bedeckt. Generell haben jüdische Gemeinden sich jedoch an das Verbot gehalten und andere Formen zur Ausschmückung des Innenraums ihrer Synagogen verwendet, seien es Stuckarbeiten, Täfelungen oder Zitate aus der Hebräischen Bibel.

Und nun zum G-ttesdienst. Er bestimmt die Anordnung des Raums einer Synagoge. Wie schon erwähnt, sind eigentlich nur Thora-Schrank und Bima dazu vonnöten. An einem Schabbathmorgen beginnt der G-ttesdienst in einer orthodoxen Synagoge mit dem *Schacharit,* dem Morgengebet. Es sind Hymnen zum Lob G-ttes. Der Chasan steht an der Amud vorne beim Thora-Schrank und blickt bei seinem Gebet nach Jerusalem, was bedeutet, dass er der Gemeinde den Rücken zuwendet. Dieser erste Teil dauert ungefähr eine Stunde. Danach wird der Thora-Schrank geöffnet und eine Thora-Rolle für die Lesung des Wochenabschnitts herausgenommen. Ein Mann aus der Gemeinde trägt sie, gefolgt vom *Ba'al koré,* dem Vorleser und ein oder zwei Vertretern des *Va'ad,* des Synagogenkomitees, oder anderen Gemeindemitgliedern in einem feierlichen Umzug bis zur Bima.

Zum Verständnis sollte angefügt werden, dass die Thora-Rolle den Text der fünf Bücher Mose auf Hebräisch enthält. Dieser Text wurde von einem professionellen *Sofer,* einem Schreiber, mit selbst hergestellter schwarzer Tinte auf Pergament geschrieben, wobei Pergament die bearbeitete Haut eines koscheren, also rituell reinen Tieres wie Rind, Kuh, Schaf oder Ziege bedeutet. Jedes Blatt enthält fünf Spalten mit ungefähr 40 Zeilen pro Spalte. Die gesamte Thora besteht aus 40 Blättern mit insgesamt fünf Spalten. Hat der Sofer alle Blätter beschrieben, näht er sie mit einer Tiersehne zusammen und befestigt die Endblätter an Stäben, damit die 40 Blätter zu einer Rolle aufgerollt werden können. Der gesamte Text der Thora ist in 54 Wochenabschnitte eingeteilt – 54 Wochen, denn im liturgischen Bereich gilt der Mondkalender, deshalb 54 und nicht 52 Wochen wie in einem Sonnenjahr –, und im Laufe eines jüdischen liturgischen Jahres wird jede Woche ein Abschnitt, bestehend aus 10 bis 12 Blättern, auf Hebräisch vorgelesen. Man beginnt an *Simchat-Thora,* dem „Fest der Gesetzesfreude", das gleich auf *Sukkot,* dem Laubhüttenfest, folgt, mit dem Schöpfungsbericht und hat ein Jahr später, wieder an Simchat-Thora, jenes letzte Kapitel in der Thora erreicht, in dem erzählt wird, wie Moses auf dem Berg Nevo steht, ins Verheißene Land blickt, es aber nicht betreten darf und dann stirbt. Sobald diese Stelle gelesen wurde, beginnt man wieder mit dem Schöpfungsbericht, um den Zyklus der Thora-Lesungen nicht zu unterbrechen.

Da die Thora, wie schon erwähnt, nach traditionellem jüdischem Verständnis die Worte G-ttes enthält, müssen diese Worte besonders geschützt werden. Das geschieht dadurch, dass man die gesamte Thora-Rolle nach der Lesung, die übrigens am Montag, am Donnerstag und am Schabbath, dann morgens zum Schacharit-Gebet und am Nachmittag, zum *Mincha*-Gebet, stattfindet, an der Stelle, an der man aufhört und an der bei der nächsten Lesung fortgefahren wird, mit einem als Wimpel bezeichneten Band zusammenbindet. Darüber kommt ein Thora-Mantel, der je nach jüdischer ethnischer Gruppe etwas anders aussieht. Juden in Deutschland verwenden einen Mantel aus Samt, der mit ähnlichen Motiven wie der Thora-Vorhang bestickt ist. Italienische Juden kleiden ihre Thora-Rollen in kostbare Brokat- oder Seidenstoffe, die an die Gewänder der Priester im Tempel in Jerusalem erinnern sollen. Beispiele dafür sind im geöffneten Thora-Schrein der Istanbuli- (Abb. 18) und der Italienischen Synagoge (Abb. 30) zu sehen. Orientalische Juden stecken ihre Thora-Rollen dagegen lieber in eine als *Nartik/Tik,* „Etui", genannte Schutzhülle aus Metall mit geprägten Ornamenten, wie die beiden sefardischen Thora-Rollen in der Abbildung 16. Anschließend kommen auf die beiden Stäbe der Thora-Rolle zwei Aufsätze, die *Rimmonim,* meistens aus Silber und mit kleinen Glöckchen versehen, die an die Gewänder der Priester im Tempel erinnern sollen, an deren Enden ebenfalls Glöckchen befestigt waren, die ihr Kommen ankündigten. Anstelle der Rimmonim oder über die Rimmonim kommt oft auch eine Thora-Krone (s. Abb. 30, geöffneter Thora-Schrank der Italienischen Synagoge), denn die Thora gilt als Königin und wird dementsprechend geschmückt. Um die beiden Stäbe der Rolle wird zusätzlich ein silberner Schild gehängt, auf Hebräisch *Tass*. Dabei handelt es sich nicht nur um einen bloßen Schmuck. Vielmehr dient er einem ganz konkreten Zweck, weil eine jüdische Gemeinde im Idealfall mindestens drei Thora-Rollen besitzt: eine für die wöchentliche Thora-Lesung, eine zweite für die besonderen Thora-Lesungen zu Beginn eines neuen Mondmonats und eine dritte für die Lesungen an den jüdischen Feiertagen. Die jeweils vorgelesenen Texte stehen außerhalb der Reihenfolge der Wochenabschnitte, und um zügig vorzulesen, hat man, wenn möglich, zusätzlich zur Schriftrolle für die Lesung der Wochenabschnitte eine eigene Thora-Rolle sowohl für den Monatsbeginn als auch für die jüdischen Feiertage, damit man die Beter nicht warten lassen muss, bis man die Rolle auf- und abgerollt hat, um an die passende Textstelle zu gelangen. In dem Tass, dem Thora-Schild, befindet sich im unteren Bereich ein kleines Fach. In diesem Fach gibt es ein Plättchen, auf dem steht, für welche Lesung diese spezifische Thora-Rolle bestimmt ist.

Schließlich hängt um einen der Stäbe der Thora-Rolle noch ein 30 bis 50 Zentimeter langer Stab, meistens ebenfalls aus Silber, der in einer Hand ausläuft, die ihrerseits in einem ausgestreckten Finger endet. Das ist der *Jad*, der Thora-Zeiger. Es war schon die Rede davon, dass die Thora nach traditionellem jüdischem Verständnis die Worte G-ttes enthält. Und diese Worte G-ttes darf man natürlich nicht mit den bloßen Fingern berühren. Man muss sich vergegenwärtigen, dass ein Blatt einer Thora-Rolle ungefähr beinahe einen Meter hoch ist und auf dem Vorlesepult liegt, der Vorleser steht davor, um daraus vorzulesen. Um nicht Gefahr zu laufen, Zeilen zu überspringen, ist man versucht, den Zeilen mit den Fingern zu folgen, was aus den schon erwähnten Gründen nicht möglich ist. Deshalb der Thora-Zeiger, der dem Vorleser hilft, immer flüssig die richtigen Zeilen zu lesen.

Nach der Thora-Lesung, die wiederum ungefähr eine Stunde dauert, wird die Thora-Rolle zurück in den Thora-Schrank gestellt. In vielen Gemeinden tritt jetzt der Rabbiner an das kleine Pult und hält seine Drascha, seinen gelehrten Vortrag über den kurz davor vorgelesenen Wochenabschnitt. Dieses eine Mal, und es ist praktisch das einzige

Mal an diesem Morgen, ist auch in vielen traditionellen Synagogen in Deutschland Deutsch zu hören. Der Rabbiner hält seine „Predigt", wie man sie auch nennen kann, auf Deutsch. Dem schließt sich der letzte Teil des Schabbath-G-ttesdienstes an: das *Mussaf*- oder Zusatzgebet. Seit der Zerstörung des Tempels in Jerusalem im Jahr 70 d.Z. durch die Römer gibt es keine Tieropfer mehr. Vielmehr werden sie durch zusätzliche Gebete ersetzt. Dieses Mussaf-Gebet sagt der Chasan, während er auf der Bima steht.

Ist dann nach ungefähr drei Stunden der schabbathtägliche G-ttesdienst beendet, reichen die Beter sich die Hände und wünschen sich gegenseitig „Schabbath Schalom!", einen Schabbath des Friedens. In vielen jüdischen Gemeinden folgt nun der gesellschaftliche Teil, denn man läuft nicht einfach so auseinander, sondern begibt sich in den Gemeindesaal, wo ein *Kiddusch,* eine Mahlzeit mit dem Segensspruch über Brot und Wein stattfindet, die nichts anderes als ein gutes traditionelles Schabbath-Essen für alle Teilnehmer am G-ttesdienst ist. Denn zusammen feiern galt und gilt unter Juden als ein wichtiges Mittel des Zusammenhalts.

Jüdische Männer kommen zum gemeinsamen Gebet dreimal täglich in die Synagoge: am Morgen, am Spätnachmittag und am Abend. Es muss immer ein *Minjan*, ein Quorum von zehn religionsmündigen Männern sein, damit es ein öffentliches Gebet wird, denn bestimmte Texte wie das zentrale *Amida*- oder „Steh"-Gebet, das Totengebet oder die Thora-Lesung können nur in Anwesenheit von einem Minjan laut gesagt werden. Diese Regel sowie die Festlegung der Gebetzeiten geht auf den Sanhedrin zurück, dem Obersten Gericht, das bis zur Zerstörung des Zweiten Tempels regelmäßig in einem seiner Nebengebäude zusammentrat und einen Teil der noch heute geltenden Bräuche festlegte. Vom Sanhedrin wird noch weiter unten ausführlicher die Rede sein.

Eine jüdische Gemeinde verfügt aber nicht nur über eine Synagoge, sondern auch über eine Reihe von Nebenräumen. Ein erster solch zusätzlicher Raum ist die VORHALLE, denn eine Synagoge wird selten direkt von der Straße oder vom Hof her betreten. Schon der Talmud erwähnt im Traktat *Brachot* 8a diesen Brauch, wonach die Beter, wo immer möglich, durch zwei Türen in eine Synagoge eintreten sollten. Daher gibt es eine Tür vom Hof oder der Straße in die Vorhalle und von der Vorhalle eine zweite, die in die Synagoge führt. Es heißt auch, dass der Beter in der Vorhalle den Einfluss der irdischen Welt ablegt, bevor er sich in die heilige Umgebung begibt. In der Vorhalle ist praktischerweise oft eine Garderobe für die Mäntel der Beter untergebracht. Und hier kann man auch seine Freunde und Bekannten begrüßen, denn in der Synagoge spricht man nicht mehr, man betet. Häufig befindet sich in der Vorhalle ein Wasserbecken zum rituellen Händewaschen, das heißt, man gießt sich aus einem besonderen Krug zweimal Wasser über die Hände bis zum Handgelenk und sagt dazu den passenden Segensspruch, denn man schickt sich ja an, Gebetbuch und die gedruckte Thora in die Hand zu nehmen, die G-ttes Worte enthalten. Davor spült man den Staub der Welt draußen ab. Außerdem haben die Treppen, die zur Frauenempore führen, oft ihren Anfang in der Vorhalle.

Ein weiterer Nebenraum ist die WOCHENTAGSYNAGOGE, die, wie der Name besagt, während der Woche als Betraum dient, wenn weniger Beter in die Synagoge kommen. Häufig dient diese Wochentagsynagoge auch gleichzeitig als Beth-Midrasch, als Lehrhaus, in dem Rabbiner und Chasan Thora- und Talmudunterricht für die erwachsenen Gemeindemitglieder geben.

Nicht fehlen darf die MIKVE, das jüdische Ritualbad. Es liegt aus praktischen Gründen generell im Keller einer Synagoge, denn es wird von natürlichem Wasser, Quell-, Grund- oder aufgefangenem Regenwasser gespeist. In dieses jüdische Tauchbad kommen traditionelle jüdische Männer am Nachmittag vor Schabbathbeginn und am Vorabend von Feiertagen. Hier tauchen jüdische Frauen einmal im Monat in das natürliche Wasser, um sich, nachdem sie sich in einem vorgelagerten richtigen Badezimmer gründlich – wie auch die Männer – gewaschen haben, geistig zu reinigen. Und in dieses Tauchbad – nicht zu verwechseln mit dem christlichen Taufbad! – tauchen als letzte Handlung auch Konvertiten zum Judentum unter, um dann als neue Menschen aufzutauchen. Solch ein Ritualbad existierte bereits zur Zeit der Wanderung der Israeliten durch die Wüste. Jeder, der sich verunreinigt hatte, musste sich von der übrigen Gemeinde absondern. War er wieder rein, tauchte er in der Mikve unter. Erst dann durfte er sich wieder den anderen im Zeltlager anschließen. Davon ist im Buch Exodus immer wieder die Rede.

Zu den Einrichtungen einer jüdischen Gemeinde gehören sowohl die Verwaltungsbüros und das Sitzungszimmer des demokratisch gewählten Vorstands als auch Unterrichtszimmer für die Kinder einer Gemeinde, denn oft findet der Religionsunterricht im jüdischen Gemeindezentrum statt, und hier macht eine Gemeinde ihren jüngeren Mitgliedern viele verschiedene Freizeitangebote. Und natürlich fehlt auch nicht der große Gemeindesaal mit einer koscheren Küche, in dem die jüdischen Feiertage gemeinsam begangen werden oder aber einzelne Mitglieder wichtige Familienfeiern wie Beschneidung, *Bat-* und *Bar-Mitzva* oder auch eine Hochzeit im Kreis ihrer Verwandten und Bekannten und vielen Gemeindemitgliedern feiern können. Im Mittelalter war dieser Gemeindesaal oft in einem eigenen Haus untergebracht und wurde als „Tanzhaus" bezeichnet, obwohl Tanzen, außer auf einer Hochzeit und dann nach Geschlechtern getrennt, die wohl weniger wichtige Aktivität in diesem Haus darstellte.

DIE SYNAGOGEN IN ANTIKE
UND MITTELALTER

Es wird gemeinhin angenommen, dass die Synagoge die Antwort auf die Zerstörung des Tempels im Jahr 70 d.Z. durch die Römer ist. Aber Synagogen existierten bereits zur Zeit des Zweiten Tempels. Über ihre Entstehung kursieren mehrere Vermutungen. So wird sie von einigen auf die Zeit des Babylonischen Exils (587–538 v.d.Z.) angesetzt. Andere legen den Beginn von Synagogen dagegen in die Zeit der Hasmonäer um ca. 150 v.d.Z., wiederum als Orte, an denen die Menschen zusammenkamen, um die Thora, die schriftliche Lehre, und die mündliche Lehre, die später ihren Niederschlag im Talmud fand, zu studieren. In diesem Fall lag der Grund darin, dass die Besatzungsmacht unter ihrem König Antiochus IV. Epiphanes den Tempel in Jerusalem durch das Aufstellen einer Zeus-Statue und das Opfern von Schweinen auf dem heiligen Altar entweiht hatte. Auch die Schriften von Flavius Josephus und Philo, teilweise die rabbinische Literatur und ebenso das Neue Testament berichten von Synagogen schon zur Zeit des Zweiten Tempels. Aber nur von drei Synagogen dieser frühen Epoche hat man konkrete Überreste in Israel entdeckt: in Jerusalem, in Gamla im Süden der Golanhöhen und auf Massada. Der Jerusalemer Talmud spricht von 480 Synagogen zur Zeit des römischen Feldherrn und späteren Kaisers Vespasian (69–79 d.Z.), also noch vor der Zerstörung des Tempels.

Die Synagoge des Theodotus

Die in Jerusalem gefundene Synagoge des Theodotus gilt als besonders bedeutungsvoll, weil, wie gerade erwähnt, viele mehr dieser Art in Jerusalem bestanden haben müssen. Sie wurden von Juden errichtet, die aus verschiedenen Ländern der Diaspora einreisten, um sich in der Stadt niederzulassen, und diese Synagogen bauten sie für sich sowie für die Pilger aus ihrem Herkunftsland.

Theodotus' Synagoge lag direkt beim südlichen Eingang zum Tempel. Allerdings hat sich vom Gebäude selbst nichts erhalten, nur eine gut lesbare Inschrift, das ist alles, was die Jahrhunderte unbeschadet überstanden hat. Die Inschrift fand der französische Archäologe Kapitän Raymond Weill im ältesten bewohnten Stadtteil Jerusalems, dem so genannten Ophel. Und selbst die Inschrift wurde nicht an ihrem ursprünglichen Standort gefunden, sondern in einer Zisterne, in die man sie anscheinend während oder nach der Zerstörung der Stadt geworfen hatte.

Ihr Text, auf Griechisch, wurde sauber in Jerusalemer Kalkstein gehauen und besagt: „Theodotus, Sohn des Priesters Vetinus und Oberhaupt der Synagoge [Archisynagogus], Sohn eines Synagogenoberhauptes und Enkel eines Synagogenoberhauptes, baute die Synagoge, um das Lesen der Thora und das Studium der Gebote zu ermöglichen; sie diente aber auch als Herberge mit Zimmern und Wasservorrichtungen, um fremde Reisende aufzunehmen. Sie wurde von seinen Vorvätern, den Weisen und Simonides gegründet." Gelehrte haben die Inschrift auf die Zeit von König Herodes (37 bis 4 v.d.Z.) datiert. Indem sich die Inschrift auf den Bau der Synagoge mindestens zwei Generationen früher bezieht, verweist sie auf die Existenz einer Synagoge in Jerusalem bereits 150 Jahre vor der Zerstörung des Tempels durch die Römer.

Schon damals, das erfahren wir dank der Inschrift, ist die Synagoge der Ort, an dem die Thora-Lesung stattfand und wo ihre Gebote studiert wurden. Das verweist auf die frühe Rolle der Synagoge als einer Bildungseinrichtung, und dieser Rolle verdankt sie sicher auch die Tatsache, dass sie neben dem Tempel existieren durfte.

Zur Synagoge gehörte auch eine Herberge, in der Reisende und Fremde übernachten und auch essen konnten. Vermutlich wurden diese

Abb. 7: Die Inschrift aus der Synagoge des Theodotus.
Original im Rockefeller Museum, Jerusalem.

Räume vor allem von Pilgern genutzt, die aus dem Ausland kamen, entweder zu den drei traditionellen Pilgerfesten (Pessach, Wochen- und Laubhüttenfest) oder aber, um den Tempel noch einmal zu sehen, bevor sie starben. Die Räume dürften recht bequem gewesen sein, enthielten sie doch Schlafstellen und auch Wasservorrichtungen. Es ist überdies anzunehmen, dass die Synagoge über ein Ritualbad verfügte, dem ein öffentliches Bad vorgelagert war. Die Inschrift erwähnt das Gesetzesstudium, nicht aber das öffentliche Gebet. Vermutlich war es so, dass das öffentliche Gebet in Jerusalem sich ausschließlich auf den Tempel beschränkte, denn er galt als das Haus G-ttes. Erst nach seiner Zerstörung dürfte auch das öffentliche Gebet Einzug in die Synagoge gehalten haben. Als Ausnahme dürften die schon zuvor erwähnten Betstuben im Babylonischen Exil gelten, in denen sicher auch gebetet wurde.

Die Inschrift in der Synagoge erzählt uns überdies etwas über die zeitgenössische Verwaltung einer solchen Einrichtung. Der Synagogenvorsteher hieß damals Archisynagogus, auf Hebräisch *Rosch ha-Knesseth,* so wie die Synagoge selbst als *Bet-ha-Knesseth,* „Haus der Versammlung" bezeichnet wird. Anscheinend wurde dieses Amt vom Vater an den Sohn weitergegeben. Dieser antike Synagogenvorsteher übte, wie es scheint, ähnliche Aufgaben wie der Gemeindevorsitzende bzw. Gemeindepräsident heute aus. Ihm zur Seite standen, wie die Inschrift erwähnt, die „Weisen", die man heute als Gemeindevorstand bezeichnen würde. Allem Anschein nach hatten sie den Bau dieser Synagoge beschlossen, und daher wurde ihnen auch die Ehre zuteil, zusammen mit einem wichtigen Mann namens Simonides den Grundstein zu legen. Dieser Simonides wiederum war seinerzeit vermutlich so bekannt, dass sich jede weitere Erklärung zu seiner Person erübrigte.

Theodotus' Synagoge wurde im Jahr 70 d.Z. zusammen mit dem Tempel und der Stadt Jerusalem vom römischen Feldherrn und späteren römischen Kaiser Titus (39–81 d.Z.) zerstört. Als Kaiser Hadrian (76–138 d.Z.) im Jahr 130 d.Z. die Stadt besuchte, besaß sie immerhin schon wieder sieben Synagogen.

Nachdem der Zweite Jüdische Krieg, auch bekannt als Bar-Kochba-Aufstand, 132 bis 135 d.Z., von den Römern blutig niedergeschlagen worden war, beschlossen sie, jede Erinnerung an die ursprünglichen Herren des Landes und der Stadt, den Judäern, auszulöschen. Das war übrigens der dritte und letzte Versuch der Judäer gewesen, wieder einen eigenen Staat herzustellen, der genau wie der zweite im Jahr 70 d.Z., misslang. Jerusalem wurde umgepflügt und in die römische Garnisonsstadt *Aelia Capitolina* umbenannt, das Land Judäa in *Provincia Syria palaestina.* Jerusalem erhielt später seinen ursprünglichen Namen zurück, Juda/Judäa dagegen blieb fortan für Nichtjuden Palästina, während es für Juden *Eretz Israel,* das „Land Israel" hieß. Unbeschnittenen und damit allen Juden war das Betreten der römischen Stadt Aelia Capitolina untersagt. Auch als die Byzantiner die Römer ablösten, war Juden der Besuch ihrer ehemaligen Hauptstadt verwehrt. Nur am 9. *Aw* durften sie sie betreten, um am letzten Überrest ihres Tempels, von hier rührt ihr allgemein bekannter Name „Klagemauer" her, seine Zerstörung zu beklagen. Um das Jahr 350 entstand die Kirche Haga Zion im Süden der westlichen Anhöhe des alten Jerusalems – außerhalb der römischen Stadt. Die jüdische Überlieferung erwähnt den Ort als *Chugegej Zion,* „die sich an Zion freuen". Hierher kamen die Juden zum Gebet, bei dem sie auf den Tempelberg blicken konnten. Jüngste Grabungen legten Spuren einer Synagoge aus dem 4. Jh. frei. Seither heißt diese Anhöhe Zionsberg. In der Kirche Haga Zion hat nach christlichem Glauben übrigens das letzte Abendmahl stattgefunden. Die Kammer unterhalb des Raums des Abendmahls gilt in der Überlieferung als Davids Grab, s. weiter unten „Gräber". Die wenigen Juden, die nach der Eroberung der Stadt im Jahr 637 durch die Araber in Jerusalem leben durften, wohnten auf eben diesem Zionsberg. Hier besaßen sie eine Synagoge und später auch eine *Jeschiwa,* also eine Talmud-/Thora-Schule. Später übten muslimische Kalifen Druck auf Juden und Christen aus, sich zum Islam zu bekehren. Reparaturen an Kirchen und Synagogen wurden untersagt, neue durften überhaupt nicht errichtet werden.

Als die Kreuzfahrer unter dem Oberbefehl von Gottfried von Bouillon 1099 Jerusalem einnahmen, schlachteten sie seine muslimische und jüdische Bevölkerung ab. Der Blutstrom im Tal westlich des Tempelbergs soll bis an die Knöchel gereicht haben. 88 Jahre lang herrschten die Kreuzfahrer in Jerusalem. Selbstredend gab es während dieser Zeit keine Juden in der Stadt. Aber nicht für lange. Nach der Niederlage der Kreuzfahrer im Sommer 1187 in der Schlacht von Karnej-Hittim oberhalb des Sees Genezareth fiel Saladin auch die Stadt Jerusalem in die Hände. Im Gegensatz zum Einzug der Kreuzfahrer gab es, als Saladin mit seinem siegreichen Heer in die Stadt einzog, kein Abschlachten der Bevölkerung. Der Halbmond kehrte wieder auf die Spitze des Felsendoms auf dem Tempelberg zurück. Sein Betreten war fortan ausschließlich Muslimen vorbehalten. Die morgenländischen Christen durften die Grabeskirche und einige andere Schreine behalten. Und auch Juden stand die heilige Stadt wieder offen. Sie kamen, wie die Muslime, aus der Küstenebene. Schon bald schlossen sich ihnen Juden aus Nordafrika und dem Jemen an. Die Nachricht vom fehlgeschlagenen dritten Kreuzzug zur Eroberung der Heiligen Stadt löste eine lebhafte jüdische Einwanderungswelle aus, an deren Spitze 300 Rabbiner aus Frankreich und England standen. Sie ließen sich 1210 in Jerusalem nieder. 1244 eroberten Turkmenenstämme Jerusalem. Sie zerstörten alle nichtmuslimischen Schreine. Die noch in der Stadt verbliebenen Juden nahmen ihre Thora-Rollen und flohen nach *Schchem,* d.h. Nablus. Als Rabbi Nachmanides, der *Ramban,* 1267 in Jerusalem eintraf, s.u., kehrten einige von ihnen wieder zurück.

Die Ramban-Synagoge

Nichts illustriert den Zustand des jüdischen Jerusalems wohl besser als ein Brief, den der *Ramban* an seinen Sohn schrieb, nachdem er 1267 in der Stadt eingetroffen war. Verwüstet und verlassen sei sie, berichtet er darin, und es gebe keine einzige Synagoge, in der gebetet würde. Der Ramban, der mit vollem Namen Rabbi Mosche ben Nachman hieß und 1194 in Gerona in Spanien geboren war (gestorben 1270 in Akko), konnte zu jenem Zeitpunkt nicht mehr in seine Heimat, Spanien, zurückkehren, denn in einer berühmt-berüchtigten Disputation mit dem zum Christentum übergetretenen Pablo Christiani und katholischen Priestern hatte er die Oberhand behalten und sich damit viele Feinde gemacht. Also setzte er alles daran, um die Stadt zu einem für Juden wieder bewohnbaren Ort zu machen.

Mit der Erlaubnis der Mameluken-Behörden suchte er ein leer stehendes Gebäude, um darin eine Synagoge einzurichten. Es war bekrönt von einer Kuppel, die vier Pfeiler trugen. Hoffnungsfroh teilte er seinem Sohn in einem weiteren Brief mit, dass er nun, zusammen mit zwei weiteren Juden, die noch in der Stadt lebten, mit dem Zustrom von Neuankömmlingen rechne.

Es trafen denn auch wieder Juden ein, die Gemeinde wuchs, und sie kam für Gebet und Thora-Studium in Rambans Synagoge zusammen. Im 15. Jahrhundert mussten die Juden der Stadt diese Synagoge allerdings wieder räumen, und sie suchten ein anderes Gebäude, in dem sie einen neuen Betraum einrichten konnten. Lang und schmal ist er, fünf Säulen teilen ihn in zwei Schiffe. Das Fundament besteht aus romanischen Gewölben, die auf Säulen mit römischen und byzantinischen Kapitellen ruhen. Da es keinerlei gotische oder muslimische Elemente

Abb. 8: Die Ramban-Synagoge. Außenansicht.

aufweist, ist anzunehmen, dass das Gebäude aus der Zeit noch vor Ankunft der Kreuzfahrer datiert. Und dieses Gebäude gilt bis zum heutigen Tag als die traditionelle Ramban-Synagoge im Jüdischen Viertel
der Altstadt von Jerusalem.

Aber selbst nach dem Umzug in ihr neues Gebäude können die Juden
sich nicht lange daran erfreuen. 1589 beschlagnahmen die osmani-

schen Behörden es und wandeln es in eine Werkstatt um. Zu Beginn des 19. Jahrhunderts dient es als Käsefabrik. Von 1949 bis 1967, das heißt, während der jordanischen Besatzung der Jerusalemer Altstadt, nutzen die Bewohner es als Schaf- und Ziegenstall. Erst nach dem für Israel siegreichen Sechstage-Krieg 1967 wird das Gebäude wieder seiner ursprünglichen Bestimmung zugeführt. Nach einer gründlichen Renovierung ersetzt es die benachbarte Churva-Synagoge, die von den Jordaniern zerstört worden war, als die Hauptsynagoge der Jerusalemer Altstadt – genau 700 Jahre, nachdem der Ramban in das alte Gebäude eingezogen war.

Abb. 9: Die Ramban-Synagoge. Innenansicht. Nach dem Sechstage-Krieg 1967 restauriert und renoviert.

Das Goldene Tor

Die Altstadt von Jerusalem war seit jeher von einer Mauer umgeben. Im Laufe der Jahrhunderte wurde sie von den jeweiligen Landesherren – Römern, Byzantinern und auch Kreuzfahrern, um nur einige zu nennen – immer wieder erneuert. Die Mauer, die heute die Altstadt umgibt, wurde auf Befehl des osmanischen Sultans Süleiman der Prächtige

(1520–1566) errichtet. Die Bauarbeiten dauerten von 1537 bis 1541, und das Ergebnis kann sich bis heute sehen lassen, wenngleich 2009/2010 von den israelischen Behörden umfassende Renovierungsarbeiten an den Stadtmauern durchgeführt wurden.

Durch mehrere Tore gelangte und gelangt der Besucher in die Altstadt Das aufwändigste ist das DAMASKUSTOR, auf Hebräisch *Scha'ar Schchem*; es liegt im nördlichen Teil der Stadtmauer. Durch dieses Tor wurden Oliven aus Schomron/Samaria in die Stadt gebracht. Es liegt dem Tempelberg und den *Madrasat*, den Koranschulen, am nächsten. Das Tor ist Z-förmig gebaut, um einen Frontalangriff abwehren zu können. Als einziges Tor liegt es tiefer als der Berg ihm gegenüber. Das ZIONSTOR, auf Hebräisch *Scha'ar Zijjon,* im Südteil der Stadtmauer gelegen, führt auf den Zionsberg mit dem Davidsgrab und der Dormitions-Abtei. Das JAFFATOR, auf Hebräisch *Scha'ar Jaffa,* zwischen beiden im westlichen Teil der Mauer gelegen, war früher das zweitwichtigste, denn von ihm führte eine Straße zur Küste. Sein arabischer Name ist *Bab el-Chalil,* d.h. „Hebrontor", denn von hier aus geht eine Straße in die andere Richtung ins Judäische Bergland und nach Hebron. Neben dem Jaffator ist eine große Bresche in der Mauer. Sie wurde anlässlich des Besuchs von Kaiser Wilhelm II. von Preußen im Jahr 1898 in die Mauer geschlagen, und auch den Graben um die Zitadelle füllte man um diese Zeit auf, um der königlichen Kutsche einen würdigen Einzug zu ermöglichen. Als der englische General Edmund H.H. Allenby 1917 dagegen in Jerusalem einzog, stieg er am Jaffator von seinem Pferd und betrat die Stadt zu Fuß. Sowohl das Zions- als auch das Jaffator sind L-förmig. Weniger wichtig als die bisher genannten Tore war und ist das HERODESTOR im Nordteil der Stadtmauer, auf Arabisch *Zahara*-Tor und auf Hebräisch *Scha'ar ha-Prachim*, d.h. „Blumentor". Das LÖWENTOR, auf Hebräisch *Scha'ar ha-Arajot*, im östlichen Teil der Stadtmauer, verdankt seinen Namen einem Traum, den der schon erwähnte Sultan Süleiman der Prächtige hatte. Im Traum sollen ihm zwei Löwen erschienen sein, die drohten, ihn zu verschlingen, falls er nicht wieder schnellstens die Stadtmauern von Jerusalem herrichtete, um seine Bewohner und die Heiligtümer zu schützen. Von diesem Traum künden die beiden Löwen am Tor. Durch das Löwentor drangen am 7. Juni 1967 israelische Fallschirmjäger in die Altstadt ein und nahmen sie ein. Das Löwentor ist in der christlichen Welt auch als Stephanstor bekannt. Zwar bot sich das MISTTOR, auf hebräisch *Scha'ar ha-Aschpot,* im südlichen Teil der Stadtmauer, den israelischen Soldaten damals als der bequemere Zugang an, aber niemand wollte durch ein Tor mit diesem Namen in die Altstadt einziehen. Im Jahr 1899 gab

Abb. 10: Das Goldene Tor heute, zugemauert und
mit einem muslimischen Friedhof davor.

Sultan Abd ül- Hamid II. (1876–1909) die Erlaubnis zum Bau eines
weiteren Tors im Nordteil der Stadtmauer. Um den Zutritt zum christlichen Viertel in der Altstadt zu erleichtern, kam dieses NEUE TOR
dazu. In den Jahren 1948 bis 1967 war es geschlossen und wurde erst
nach dem für Israel erfolgreich verlaufenen Sechstage-Krieg wieder geöffnet. Diese Tore sind bis heute vorhanden und dienen als Zugang in
die Altstadt.

Das kann man vom schönsten, dem GOLDENEN TOR, auf Hebräisch
Scha'ar ha-Rachamim, wie das Löwentor in die Südmauer eingelassen,
nicht sagen. Es wurde auf Befehl von Sultan Süleiman dem Prächtigen genau wie die übrigen Tore renoviert, aber wieder zugemauert.
Einigen Quellen zufolge soll es bereits auf Saladins (1138–1193) Befehl hin zugemauert worden sein. Und wieder anderen zufolge sei das
schon zur Kreuzfahrerzeit so gewesen, wobei anzumerken wäre, dass
die Kreuzfahrer das Tor einmal im Jahr, am Palmsonntag, für die Pro-
zession an diesem Tag öffneten. Gemäß einigen Interpreten datiert
das Goldene Tor bereits aus der Zeit, als Hadrian eine neue Stadt

anstelle von Jerusalem baute und anstelle des zweiten Tempels einen
Jupiter-Tempel errichtete. Auf jeden Fall erinnert das Goldene Tor im
Stil stark an diese Zeit. Seine Außenfront und die Bögen dürften tatsächlich römischen Ursprungs sein. Im Inneren lassen eine Mittelrei-
he von Säulen mit korinthischen Kapitellen und ein Kreuzgewölbe
die Handschrift von herausragenden römischen Handwerkern erahnen.

Dass ausgerechnet das Goldene Tor als einziges von den sechs
Toren zugemauert wurde, hängt mit einer uralten jüdischen Tradition
zusammen. Durch dieses Tor verließ die *Schchina*, d.h. die Gegenwart
G-ttes, Jerusalem, als der Zweite Tempel im Jahr 70 d.Z. durch die
Römer zerstört wurde, und durch dieses Tor soll sie wieder in Jerusalem einkehren. Das geschieht, wenn der Messias vom Ölberg her
kommend, hinauf zum Goldenen Tor steigt und die Stadt Jerusalem
betritt. Um die Möglichkeit auszuschließen, dass ein König durch
dieses Tor in die Stadt einzieht, um die Herrschaft nicht nur über Jerusalem, sondern über die ganze Welt anzutreten, wurde das Tor zugemauert. Außerdem wurde ein Wächter in einem Turm neben dem

Abb. 11: Das zugemauerte Goldene Tor.
Zeichnung von David Roberts, um 1850.

Tor untergebracht. Um ganz sicher zu gehen, kam im 19. Jahrhundert noch etwas anderes hinzu: Vor dem Tor wurde ein muslimischer Friedhof angelegt, s. Abb. 10. Dass das nicht immer so war, zeigt eine Zeichnung des britischen Reisenden David Roberts von um 1850, s. Abb. 11.

DIE SYNAGOGEN DER NEUZEIT

Als die Ramban-Synagoge von den osmanischen Behörden 1586 unter dem Vorwand geschlossen wird, sie sei hundert Jahre zuvor als Moschee eingeweiht worden, spalten sich die Juden in Jerusalem in zwei getrennte Gemeinden. Die aschkenasischen Juden errichten nördlich der alten Synagoge das später als Churva-Synagoge von Rabbi Jehuda he-Chassid bekannte Bethaus. Die Sefardim bauen eine eigene, die Jochanan-Ben-Sakkai-Synagoge.

Diese Synagoge enthält jedoch nicht nur einen einzigen Betraum, sondern umfasst insgesamt vier Synagogen, entstanden im Laufe der Jahre entsprechend den Bedürfnissen einer wachsenden Gemeinde. Über die frühe Geschichte der Synagogen ist wenig bekannt. Es gibt kaum Dokumente, die sich auf den Ort beziehen. Die älteste Beschreibung der Synagogen datiert aus dem Jahr 1625. Ein unbekannter Reisender spricht von damals noch zwei Synagogen an diesem Ort. Das übrige Material über die Synagogen datiert aus einer späteren Zeit, beginnend mit dem Ende des 18. Jahrhunderts. Eine Tradition unter den Juden Jerusalems führt die Heiligkeit des Ortes auf die Zeit des Zweiten Tempels zurück, als, wie der Talmud berichtet, der Talmud-Gelehrte Jochanan Ben Sakkai an dem Ort lehrte, an dem die Hauptsynagoge, die *Kahal Kadosch gadol,* „die Große Gemeinde", jetzt steht. Möglicherweise verdankt sich diese Tradition der Größe und Pracht dieser Synagoge sowie ihrer Bedeutung.

Jüngere Untersuchungen des Gebäudes zeigen, dass die Elijahu ha-Nawi, auch bekannt als die „Synagoge der Talmud-Thora-Gemeinde", als erste gebaut wurde, während die Jochanan-Ben-Sakkai später dazukam. Die zwei weiteren Synagogen, die *Istanbuli* und die *Emza'i* (Mittlere) bzw. „Zions-Gemeinde", kamen hinzu, nachdem die Gemeinde in Jerusalem gewachsen war. In der ersten Hälfte des 18. Jahrhunderts wächst die jüdische Gemeinschaft in Jerusalem schnell. Nach einem arabischen Aufruhr gegen den osmanischen Gouverneur der Stadt verschlechtert sich die Lage allerdings in der zweiten Hälfte des Jahrhunderts. Da die Gemeinde verarmt, wird auch der Unterhalt aller Synagogen, nicht nur der vier, vernachlässigt, und sie verfallen zusehends. Gegen Ende des 19. Jahrhunderts verbessern sich die Lebensbedingun-

Abb. 12: Blick über die Dächer der vier sefardischen Synagogen.
Im Hintergrund in der Mitte die Kuppel der Churva-Synagoge.

gen in Jerusalem dann aber wieder, sodass die Synagogen eigentlich
hätten renoviert werden können. Dem steht jedoch ein altes muslimisches Gesetz entgegen, das sowohl den Bau als auch Reparaturen an
nichtmuslimischen religiösen Bauten untersagt. Nur der Sultan in
Istanbul kann für Abhilfe sorgen. 1835 erhält die jüdische Gemeinde
schließlich die Erlaubnis des Gouverneurs von Palästina für die Renovierung der Synagogen. Die Gebäude müssen teilweise abgerissen und
neu aufgebaut werden, so schlecht ist ihr Zustand. Am Ende aber
haben die Synagogen wieder ihre alte Pracht zurückerhalten. Dank
eines höheren Lebensstandards in Jerusalem sowie der Zuwanderung
von Juden aus Galiläa nach einem Erdbeben dort wächst sowohl die
aschkenasische als auch die sefardische Bevölkerung an. Für beide Be-
völkerungsgruppen spielen die Synagogen eine wesentliche Rolle, ja,
insbesondere die Jochanan-Ben-Sakkai steigt nunmehr zum gesell-
schaftlichen und geistigen Zentrum nicht nur für Sefardim, sondern
für alle Juden Jerusalems auf.

Abb. 13: Die vier sefardischen Synagogen mit der
nach unten führenden Treppe.

Hier feiert man große Empfänge wie den für Kaiser Franz Josef II.
von Österreich im Jahr 1870 oder die Einsetzung des *Rischon le-Zion*,
dem von den Osmanen anerkannten Präsidenten der jüdischen Gemeinschaft, im Jahr 1893. Hier betrauert man seine Toten, und hier
kommt man zu den jüdischen Feiertagen zusammen. Zum letzten Mal

versammeln sich die Menschen im Jahr 1948 in den alten Synagogen, als die Araber die Altstadt angreifen. Weil die Synagogen unterhalb des Straßenniveaus liegen, flüchten die nicht kämpfenden Bewohner des jüdischen Stadtviertels, ungefähr 1500 Menschen, während der Kämpfe in die Synagogen. Am Freitag, dem 28. Mai 1948, ergibt sich die jüdische Seite. Für die kommenden neunzehn Jahre, bis zum 7. Juni 1967, bleibt die Altstadt von Jerusalem in arabischer Hand, und die Juden dürfen sie nicht betreten. In dieser Zeit werden die Synagogen stark beschädigt, sämtliche Möbel, die zum Teil noch von den Ausgewiesenen aus Spanien mitgebracht worden waren, sowie Ritualgegenstände verschwinden auf Nimmerwiedersehen. Aber zumindest die Gebäude bleiben erhalten.

Die vier sefardischen Synagogen

Der Bau an diesen vier Synagogen beginnt vor ungefähr vierhundert Jahren, wenngleich die genauen Daten für ihre Errichtung sowie spätere Renovierungen oder Erweiterungen, wie schon oben erwähnt, ziemlich unsicher sind. Alle vier Synagogen stehen an einem Ort, östlich von der *Jewish Quarter Road* in der Altstadt von Jerusalem.

Ihnen sind mehrere Merkmale gemeinsam: Sie liegen mindestens drei Meter unter dem sie umgebenden Straßenniveau, und ihre Dächer ragen nicht heraus, sondern bilden ein fortlaufendes Ganzes mit den Dächern der Umgebung (s. Abb. 12). Sie haben keine Fenster, die nach außen hin gehen, sondern nur solche, die auf die Innenhöfe blicken, und ihre Eingänge sind bescheiden verborgen. Von außen betrachtet, nehmen sie sich wie eine bescheidene Ansammlung von Gebäuden aus, die Geräumigkeit und Schönheit ihres Inneren vor dem feindlichen Passanten sorgsam verborgen halten.

Zu unterscheiden sind zwei Gruppen. Die Jochanan-Ben-Sakkai von 1610 und die Emza'i aus dem 17. oder 18. Jahrhundert sind langgezogene Räume mit Kreuzgewölben, die an spätgotische Formen erinnern. Die Elijahu ha-Nawi und Istanbuli besitzen dagegen Stützpfeiler, die oben Bögen bilden und einen von Fenstern durchbrochenen Tambour tragen, den eine Kuppel bekrönt. Diese Elemente gehen vermutlich auf byzantinische und frühislamische Einflüsse zurück, wenngleich keine der vier Synagogen die Symmetrie aufweist, die für die byzantinische und muslimische Architektur so typisch ist. Die Wandöffnungen, die

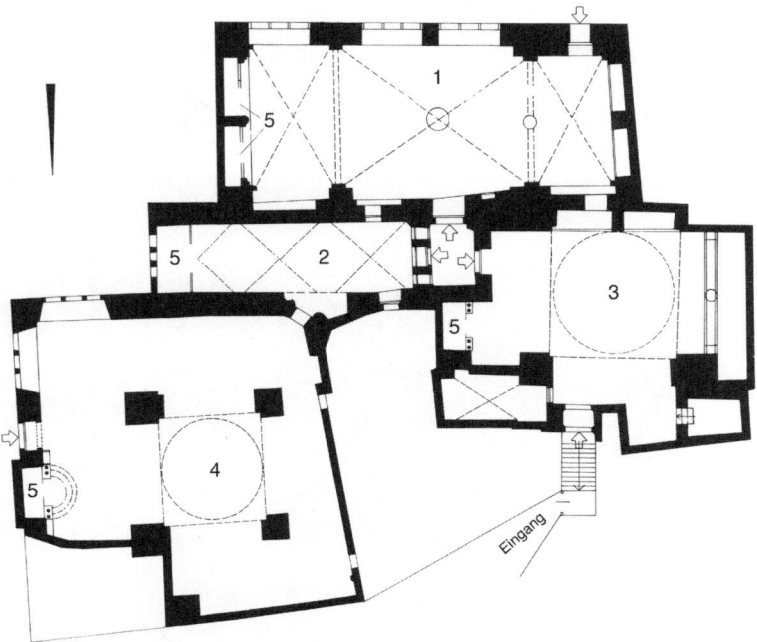

Abb. 14: Die vier sefardischen Synagogen im Grundriss.
1 – Jochanan-Ben-Sakkai-Synagoge   4 – Istanbuli-Synagoge
2 – Emza'i-Synagoge   5 – Thora-Schrein
3 – Elijahu ha-Nawi-Synagoge

Türen und Fenster, die improvisierten Dekorationen, die alle klassischen Proportionen missachten, ja, der ganze Charme des Interieurs sind typisch für eine „ungewöhnliche jüdische Linie". In allen vier Bauten fällt das Fehlen eines globalen Entwurfkonzepts auf. Sie sind einfach um ihren ursprünglichen Kern herum auf eine etwas simple und doch organische Art gewachsen, deutlich beeinflusst von jüdischer Tradition sowie von den verschiedenen Traditionen und Geschmäckern der Mitglieder der Gemeinschaft, die aus sehr unterschiedlichen Ursprungsländern nach Jerusalem kamen.

Ein spanischer Einfluss ist erkennbar in der Form der Fenster in der Jochanan-Ben-Sakkai und der Istanbuli, die wie maurisch geschwungen sind und in der Mitte nach oben spitz auslaufen. Schaut man an die Decke, wird auffallen, dass die beiden Kreuzgewölbe nicht an ihrem Scheitel zusammentreffen. Zweifellos wollte man vermeiden, dass in der Synagoge ein Kreuz abgebildet wird. Aus diesem Grund wird die Kreuzung des Mittelgewölbes von einem Medaillon verdeckt, auf dem die Zehn Gebote stehen. In der Emza'i verdecken ebenfalls Medaillons die Schlusssteine, als dekorative Motive wurden Weinblätter und Weintrauben verwendet. In der Jochanan-Ben-Sakkai wurden in die Scheitel der Kreuzgewölbe runde Lüftungsöffnungen eingesetzt.

Abb. 15: Die Jochanan-Ben-Sakkai-Synagoge.
Innenansicht mit Blick auf *Bima* und *Thora*-Schrein.

Der Thora-Schrein in der Jochanan-Ben-Sakkai wurde im Unabhängigkeitskrieg zerstört. Mittlerweile ist er wieder restauriert. Hier stellt sich die interessante Frage, warum diese Synagoge nicht einen, sondern gleich zwei solcher Thora-Schränke nebeneinander besitzt. Eine Erklärung ist die, dass die Jochanan-Ben-Sakkai als die „Fortsetzung" der Ramban-Synagoge aus dem 13. Jahrhundert verstanden wurde, die einen von vier Pfeilern geteilten länglichen Betraum besitzt. In diesem Fall ist ein doppelter Thora-Schrein sinnvoll. Es ist durchaus möglich, dass der Thora-Schrein der alten Ramban-Synagoge kopiert wurde, als die Gemeinde zu Beginn des 16. Jahrhunderts die Jochanan-Ben-Sakkai bezog.

Eine zweite Erklärung für den doppelten Thora-Schrein beruht auf dem Bericht eines bucharischen Juden. Ihm zufolge bauten die bucha-

Abb. 16: Zwei sefardische Thora-Rollen in einem als *Tik / Nartik* bezeichneten festen Behälter.

rischen Juden einen doppelten Thora-Schrein, weil das Gesetz im Bucharischen Emirat vorschrieb, dass die jüdische Gemeinde ebenfalls den Koran in der Synagoge haben müsse. Damit er nicht neben der Thora zu liegen kommt, bauten sie zwei Schränke nebeneinander.

Abb. 17: Elijahu ha-Nawi-Synagoge.
Blick in die Elias-Kammer.

Eine dritte Erklärung im Jerusalemer Talmud besagt schließlich, dass die Israeliten durch die Wüste wanderten und dabei zwei Bundesladen vor sich her trugen: in der zweiten hätten sich die Fragmente der von Moses zerschmetterten Gesetzestafeln befunden.

Die Istanbuli ist die größte aller vier Synagogen und wird daher für die Amtseinführung des sefardischen Oberrabbiners von Israel verwendet. Ihren Namen verdankt sie ihren Gemeindemitgliedern, die anfänglich aus Istanbul in der Türkei kamen. Sie verwendeten von 1764 an das Gebäude neben der Jochanan-Ben-Sakkai als Betraum. Im Laufe der Zeit stießen weitere Beter aus Kurdistan sowie aus Nord- und Westafrika zu den ursprünglichen Betern. Heute kommt eine spanische und portugiesische Gemeinde hier zum Gebet zusammen. Die Elijahu ha-Nawi wiederum verdankt ihren Namen keinem anderen als dem Propheten Elias. Gemäß der Legende kamen die Beter am *Jom Kippur,* dem Versöhnungstag, hier zusammen. Allerdings waren es nur neun, einer fehlte also, um einen *Minjan,* ein Quorum von zehn religionsmündigen Männern, zu bilden. Plötzlich gesellte sich wie aus dem Nichts ein zehnter Beter zu ihnen, sodass der G-ttesdienst beginnen konnte. Nach dem Schlussgebet ging dieser zehnte Mann in einen angrenzenden Raum, der nur einen einzigen Ausgang besaß, jener nämlich, der in die Synagoge führte. Als die anderen Beter ihm folgten, um ihn zu sich nach Hause einzuladen, war der Raum leer, der Mann war verschwunden. Die Männer waren sich sicher, der zehnte Mann war kein anderer als der Prophet Elias.

Die Emza'i liegt in der Mitte der gesamten Anlage, von hier rührt ihr Name her. Ursprünglich war es ein Hof, der der Jochanan-Ben-Sakkai vermutlich als Frauenabteilung gedient hatte. An *Sukkot,* dem Laubhüttenfest, konnte der Hof mit Ästen überdacht und somit als Laubhütte verwendet werden. Als die Gemeinde in der Mitte des 18. Jahrhunderts wuchs, wurde der Hof fest überdacht. Obwohl auch dieser Betraum 1967 renoviert wurde, wird er nicht mehr für den G-ttesdienst verwendet.

Am aufwändigsten in allen vier Synagogen vor ihrer Zerstörung war die Möblierung, vor allem Thora-Schränke und Vorlesepulte sowie die Kerzenleuchter. Um die traditionelle Stimmung und Schönheit jüdischer Beträume wieder herzustellen, begab man sich in Spanien und Italien auf die Suche, um passendes Mobiliar zu finden.

Für die Istanbuli fand man einen Thora-Schrein aus der Synagoge in Ancona, die viele Jahre zuvor zerstört worden war. Gesetzestafeln zieren das Innere der beiden oberen Türen, und das Ganze ist bekrönt von einer kleinen Kuppel, auf der die Worte *Keter Thora,* „Krone der Thora" stehen. Gegenüber diesem Thora-Schrein steht die *Bima,* das Vorlesepult, an der Westwand. Es stammt aus der Synagoge in Pesaro, die bei einer Stadtsanierung zerstört wurde.

Abb. 18: Die Istanbuli-Synagoge.
Innenansicht mit Blick auf den geöffneten Thora-Schrein.

Einer der ältesten und bedeutendsten sefardischen Thora-Schränke
wurde renoviert und in der Elijahu ha-Nawi aufgestellt. Gemäß der
Tradition wurde dieser beeindruckende Schrank aus dem 16. Jahrhundert, der prachtvoll mit Schnitzereien geschmückt ist, von der Iberi-
schen Halbinsel nach Livorno gebracht, wo man ihn in der Nische

Abb. 19: Die Istanbuli-Synagoge.
Innenansicht mit Blick auf die Bima.

rechts vom Hauptschrank aufstellte. Die Gemeinde von Livorno schenkte diesen Thora-Schrank Jerusalem, wo er nach einer gründlichen Renovierung wieder seine volle ursprüngliche Pracht entfalten kann.

Abb. 20: Die Elijahu ha-Nawi-Synagoge.
Innenansicht mit Blick auf Thora-Schrank (li) und Bima (re).

Ein Thora-Schrank aus dem 18. Jahrhundert steht in der Emza'i-Synagoge. Früher gehörte er der Saluzzo-Gemeinde in Piemonte. Berühmt
sind die Zeichnungen an der Innenseite der vier Türen. Bekrönt wird
dieser Thora-Schrank von den beiden Gesetzestafeln, auf denen die
Anfangsworte der Zehn Gebote stehen. Die Gesetzestafeln werden ihrerseits von je einer aus Holz geschnitzten Vase flankiert. Das Motiv
der Gesetzestafeln mit den Anfangsworten der Zehn Gebote wiederholt sich auch auf dem Parochet, dem Thora-Vorhang. Und hier werden die beiden Tafeln von je einer Säule außen flankiert, die eine Menora bekrönt. Ganz oben auf dem Thora-Vorhang steht über einem
Magen David, einem „David-Schild", das Bibelzitat: „Denn aus Zion
wird hervorgehen die Lehre und das Wort des Ewigen aus Jerusalem."
Ebensolche Gesetzestafeln sind auch zwischen den beiden Thora-
Schränken in der Jochanan-Ben-Sakkai angebracht (s. Abb. 15). Sie
sind aus Carrara-Marmor. Einst schmückten sie ähnlich die Synagoge
in Livorno und wurden aus dem Schutt des zerstörten Gebäudes geret-
tet.

In allen vier Synagogen befinden sich diverse Kerzenleuchter und Hängelampen; auch sie wurden aus verschiedenen zerstörten Synagogen aus Italien nach Jerusalem gebracht und behutsam renoviert. Zum Schluss sei noch auf ein interessantes Detail hingewiesen. Wir haben es bei diesem Komplex mit vier sefardischen Synagogen zu tun. Ein Kennzeichen für sefardische Synagogen ist die Tatsache, dass der Thora-Schrein in Jerusalem sich stets an der Wand befindet, die zum Tempelberg blickt, in den meisten Fällen also an der Ostwand, während die Bima ihm gegenüber an der Westwand steht. Diesem Schema entspricht die Anordnung in den vier Synagogen, außer bei der Istanbuli-Synagoge, nicht. Ganz im Gegenteil. Es ist daher leicht verwirrend zu sehen, dass die Bima, in sefardischen Kreisen auch *Tewa* genannt, sowohl in der Jochanan-Ben-Sakkai-Synagoge als auch in der Emza'i-Synagoge in der Mitte steht, in der Elijahu ha-Nawi-Synagoge befindet sich die Bima dagegen vorne rechts wie in einer deutschen Reformsynagoge, und gleich daneben links ist der Thora-Schrein zu sehen. Diese Anordnung ähnelt übrigens stark jener, die man in der nagelneuen Synagoge in Chemnitz vorfindet.

Die Churva-Synagoge

Schon vor 1700 treffen die ersten Gruppen mit zwischen 300 und 1000 aschkenasischen Juden aus Polen im Land Israel und zum Teil auch in Jerusalem ein. Unter der Leitung von Rabbi Jehuda he-Chassid beginnen sie im Jahr 1700 mit dem Bau einer Synagoge in nächster Nähe zur 1589 von den osmanischen Behörden geschlossenen Ramban-Synagoge. Als Rabbi Jehuda stirbt, geht die Zahl der Gemeindemitglieder drastisch zurück, sodass sie ihren Verbindlichkeiten nicht nachkommen können. Das führt zu Unruhen, 1720 zu einem Baustopp und schließlich zur Vertreibung der Gemeinde aus Jerusalem. 1721 legen die arabischen Geldgeber Feuer an das Gebäude, das zusammen mit 40 Thora-Rollen verbrennt. 140 Jahre lang liegt das Gebäude zerstört da und wird als *Churva,* d.h. „Ruine". bezeichnet. Knapp 100 Jahre später, 1816, kommt Rabbi Menachem Mendel ha-Shklov von Safed nach Jerusalem. Ihm gelingt es in langwierigen Verhandlungen mit den osmanischen Behörden, die aschkenasische Gemeinde von allen noch existierenden Schulden auszulösen. Eigentlich hätte man jetzt die Synagoge weiterbauen können. Dem steht aber das bereits weiter oben erwähnte Gesetz der osmanischen Behörden

Abb. 21: Die Churva-Synagoge.
Außenansicht mit dem 1977 wieder errichteten 16 Meter hohen Bogen.

entgegen, das den Bau religiöser, nichtmuslimischer Bauten untersagt.
Als Muhammad Ali aus Ägypten 1832 die Herrschaft über Jerusalem
übernimmt, lockert er die Bestimmungen, sodass wenigstens bestehen-
de Synagogen repariert werden dürfen.
Dank der finanziellen Unterstützung wichtiger Sponsoren wie der
Familie Rothschild und auch Friedrich Wilhelm IV., König von Preußen (1840–1861), kann der Grundstein für die Synagoge im Jahr 1856
gelegt werden. 14 Jahre später wird sie im neobyzantinischen Stil vollendet und feierlich eingeweiht.

Man kennt von ihr vor allem diesen einen Bogen, der sich dem Himmel entgegenstreckt. Tatsächlich hatte die Churva aber vier solcher
großen Bögen, einer gliederte jeweils eine andere Seite des Baus und
reichte vom Boden bis hinauf zum Tambour, der die ausladende Kuppel trug. In jeden dieser Bögen sind auf zwei Reihen übereinander jeweils drei Fenster eingesetzt. Alle Fenster, jedes 12,8 Meter hoch, laufen in einem Rundbogen aus, und Lisenen gliedern zusammen mit
waagerechten vorstehenden Bändern die Flächen eines jeden Bogens.
Die Kuppel ruht auf einem von Fenstern unterbrochenen Tambour
und ist leicht vom Mauerrand zurückversetzt. Ein Schutzgitter läuft
außen rund um den oberen Mauerabschluss (s. Abb. 12).

Abb. 22: Die Churva-
Synagoge vor 1948.
Innenansicht mit Blick auf Bima
und Thora-Schrank

Der Innenraum ist ein Quadrat, an dessen vier Seiten ebenfalls der Verlauf der vier großen Bögen zu erkennen ist. Hier gliedern lediglich waagerechte Bänder, die von einem Schnittpunkt der großen Bögen zum anderen verlaufen, die Bogenflächen. Pendentifs verbinden die Tambourkuppel mit dem Quadrat des Gebäudes. Anhand der wenigen erhalten gebliebenen Abbildungen von vor 1948 ist zu erkennen, dass sich in einer Wand des Quadrats, der nämlich, die dem Tempelberg zugewandt ist, ein hoher, doppelstöckiger, aufwändig gestalteter Thora-Schrank befand, zu dem mehrere Stufen, wie die Tradition es erfordert, hinaufführten. Dieser Thora-Schrank wurde, zusammen mit den beiden Türen, aus der Nikolaijewsky-Synagoge in Kherson, in Russland, nach Jerusalem gebracht. Dort hatte sie russisch-jüdischen Rekruten, die 25 Jahre lang zum Dienst in der Armee des Zaren gezwungen wurden, als Bethaus gedient. Die Nische, in der der Thora-Schrank stand, war mit erstaunlichen Schnitzereien verziert, die Blumen und Vögel darstellten. Der Thora-Schrank besaß, wie schon gesagt, zwei Stockwerke, vor jedem hing ein großer Vorhang, und er beherbergte insgesamt 50 Thora-Rollen. Über dem Thora-Schrank war ein dreiteiliges Fenster mit rundem Bogen eingelassen. Die Bima, das Vorlesepult, stand in der Raummitte genau unter dem Scheitel der Kuppel. Sie war mit kostbaren Marmorplatten verkleidet. Die Sitzplätze sind rund um die Bima angeordnet.

Über die Dekoration der Wände selbst kann man nur Vermutungen anstellen. Auf einer der ganz wenigen erhaltenen Innenaufnahmen ist zumindest an der Wand links neben dem Thora-Schrank auf zwei Ebenen übereinander in einem großen Kreis oben ein Davidsstern und darunter, wiederum in einem großen Kreis, eine Menora, ein siebenarmiger Leuchter, zu erkennen. In den Zwickeln an den Ecken befinden sich Medaillons mit der Darstellung von vier Tieren gemäß Versen in den *Pirkej Awot,* den „Sprüchen der Väter", die mahnen: „Sei mutig wie ein Leopard, leicht wie ein Adler, schnell wie eine Gazelle und stark wie ein Löwe, den Willen deines Vaters im Himmel zu erfüllen." Die Kuppel der Churva-Synagoge gilt fortan als richtungsweisend für andere Synagogenbauten. Ihre Deckenhöhe von 25 Metern macht sie zu einem der größten und weithin sichtbaren Gebäude in der Altstadt von Jerusalem.

Offiziell heißt die neue Synagoge *Beth-Jaakow,* „Jakobs Haus", nach dem Vater der beiden wichtigsten Sponsoren, der Rothschild-Brüder Alphonse und Edmond. Im Volksmund heißt sie jedoch weiterhin Churva, „Ruine". 84 Jahre lang dient die Churva als die Hauptsynagoge nicht nur der Jerusalemer Altstadt, sondern des *Jischuw.* Hier wurden die Oberrabbiner von Jerusalem und dem damaligen Eretz Israel, dem „Land Israel" eingesetzt, und hier fanden wichtige Ereignisse statt wie der Gedenkg-ttesdienst für Königin Victoria im Februar 1901.

Als der israelische Unabhängigkeitskrieg gleich nach der Ausrufung des Staates Israel im Mai 1948 ausbricht, kommt der Churva dank ihrer Größe und Lage eine wichtige strategische Bedeutung zu. Die *Haganna* bezieht in der Synagoge Stellung. Als sie die Aufforderung zur Kapitulation der jordanischen Arabischen Legion ablehnt, sprengt diese ein Loch in die Umfassungsmauer der Synagoge. Innerhalb von 45 Minuten ist der Kampf vorbei. Jordanische Soldaten hissen die jordanische Flagge auf der Kuppelspitze und sprengen zwei Tage später den gesamten Komplex. Der jordanische Kommandant macht seiner Erleichterung mit den folgenden Worten Luft: „Zum ersten Mal seit 1000 Jahren verbleibt kein einziger Jude im Jüdischen Viertel. Kein einziges Gebäude verbleibt intakt. Das macht eine Rückkehr der Juden unmöglich."

Allerdings nicht für lange. Denn nach dem Sechstage-Krieg 1967 kommt die Jerusalemer Altstadt wieder unter israelische Herrschaft. 1977 errichtet man den 16 Meter hohen Bogen der Synagoge. Die Ruine dient als Mahnmal.

Im Sommer 2003 führt das Archäologische Institut der Hebräischen Universität gründliche Ausgrabungen auf dem Areal der Ruine auf

Abb. 23: Die beinahe fertig gestellte Churva-Synagoge.
Außenansicht 2008.

einer Fläche von 300 Quadratmetern durch. Dabei kommen greifbare
Beweise aus der Zeit des Ersten Tempels (1000–600 v.d.Z.) ans Licht
ebenso wie aus der Zeit des Zweiten Tempels (515 v.–70 d.Z.) sowie
aus der byzantinischen wie osmanischen Zeit. 2005 wird beschlossen,
die Synagoge nach den alten Plänen des ursprünglichen Architekten,
Assad Effendi, wieder aufzubauen. Der ausführende Architekt heißt
Nahum Meltzer aus Jerusalem. Am 15. März 2010 wird die wieder
erbaute Churva-Synagoge feierlich eingeweiht.

Und auch der gewaltige Thora-Schrank der Churva, mit einer Höhe
von 12 Metern und einer Breite von 5 Metern, ist neu ertstanden. Den
Nachbau nahm eine auf Synagogenausstattungen spezialisierte Firma
unter der Aufsicht eines Architekten vor. Die Juden sind wieder in die
Jerusalemer Altstadt zurückgekehrt.

Die Tif'eret-Jisrael-Synagoge

Die Tif'eret-Jisrael-Synagoge stand am Churva-Platz an der Ostseite neben der heutigen Jeschiwat ha-Kotel. Sie war die größte Synagoge in der Altstadt von Jerusalem, und sie wurde im Unabhängigkeitskrieg 1948 von den Jordaniern zerstört. Sie trägt den Namen von Rabbi Israel Friedman aus Ruschin. Bekannt ist sie auch als „Nissan-Bek-Schul", nach Rabbi Nissan Beck, der sie gründete.

Die Chassidim treffen 1747 in Jerusalem ein. Anfangs beten sie in kleinen Privaträumen, so auch im Haus von Rabbi Israel Beck. Erst 1839 fasst Rabbi Nissan Beck dann Pläne für den Bau einer chassidischen Synagoge. Mit dem Baubeginn muss er allerdings noch bis 1857 warten. Denn anfangs verweigern die osmanischen Behörden die Erlaubnis, die Fundamente auszuheben, und als dann endlich die Genehmigung eintrifft, stellen sich weitere Schwierigkeiten in den Weg, denn bei den Grabungsarbeiten stößt man auf ein muslimisches Grab. Schließlich darf dieses Grab an einen Ort außerhalb der Stadtmauern verlegt werden. Dann stellt sich heraus, dass die Behörden in der Türkei eine Baugenehmigung ausstellen müssen, die anfangs keineswegs dazu gewillt sind. Rabbi Beck ist Österreicher, und es gelingt ihm, Franz Joseph I. von Österreich dazu zu überreden zu intervenieren,

Abb. 24: Die Tif'eret-Jisrael-Synagoge in der Altstadt von Jerusalem. Außenansicht vor 1948.

sodass die gewünschte Genehmigung 1858 erteilt wird. Während der Bau in die Höhe wächst, werden die Mittel dafür gesammelt. Das nimmt rund zehn Jahre in Anspruch.

Auf seiner Reise zur Einweihung des Suezkanals kommt Franz Joseph I. von Österreich 1869 auch durch Jerusalem und besichtigt die halbfertige Synagoge. Da er bemüht ist, die Rechte seiner Untertanen im Heiligen Land zu schützen und zu fördern, schenkt er 1000 Franken, damit der Bau seine Kuppel bekommt.

Die drei Stockwerke hohe Synagoge wird 1871 vollendet und im August 1872 feierlich eingeweiht. 75 Jahre lang dient die Tif'eret-Jisrael-Synagoge der chassidischen Gemeinschaft in Jerusalem als ihr Zentrum.

Es ist ein quadratischer, dreistöckiger Bau, bekrönt von einer runden Kuppel; in die Tambourzone sind Fenster gesetzt. Nur wenige erhaltene Aufnahmen lassen die Pracht des Innenraums erahnen. Eine zeigt die Stufen hinauf zum Thora-Schrank, eine weitere die aufwändigen Kerzenleuchter. Auf einem dritten Foto ist die Kuppel von innen abgebildet, die Wandmalereien zieren. Kaum an Deutlichkeit zu überbieten ist dagegen die Aufnahme aus dem Jahr 1948. Sie zeigt die jordanische Arabische Legion, die sich daran begibt, die Synagoge in die Luft zu sprengen.

Abb. 25: Die Tif'eret-
Jisrael-Synagoge.
Außenansicht 1948.
Soldaten der jordanischen
Arabischen Legion
beim Anbringen
von Sprengstoff.

Nach dem Sechstage-Krieg wurde beschlossen, die Ruinen der Synagoge so stehen zu lassen, wie sie sind. 1953 legt Rabbi Mordechai Solo-
mon Friedman aus New York den Grundstein für ein neues chassidi-
sches Zentrum im jüdischen Teil von Jerusalem. In den 1960er Jahren
entsteht dort eine neue Synagoge, die vom Aussehen her der zerstörten
Tif'eret-Jisrael-Synagoge in der Altstadt ähnelt.

DIE MODERNEN SYNAGOGEN

Seit den 1920er Jahren, als aus Europa geflohene Architekten ins Land kommen, wird den alten Baustilen eine funktionale Architektur entgegengesetzt. Ein typisches Beispiel für solch einen durch und durch „modernen" Bau stellt die Jeschurun-Synagoge im Stadtviertel Rechavia dar.

Die Jeschurun-Synagoge

Schon seit den 1920er Jahren wollen die Bewohner im Stadtteil Rechavia eine moderne Synagoge, die vor allem die vielen jungen Menschen in ihrem Stadtviertel anzieht. Denn in den alten Synagogen sowohl der Altstadt als auch in den neuen Stadtvierteln außerhalb der Stadtmauern begegnen immer nur ältere Menschen, die jungen bleiben weg. Es erfolgt die Gründung der *Agudat-Jeschurun,* des Jeschurun-Vereins, der es sich zum Ziel gesetzt hat, eine moderne Synagoge zu bauen und Aktivitäten rund um die Thora zu organisieren. Vorläufig kommt man in provisorischen Räumen in der Knabenschule in der heutigen *Rechov Raw Kook* zusammen. Zum ersten Mal geschieht das an einem Schabbath im Jahr 1923. Von Anfang an werden einige Neuerungen eingeführt, die es so bis dahin noch nicht in Jerusalem gegeben hat. Dazu gehört die sefardische Aussprache für alle hebräischen Gebete; weiter wird streng darauf geachtet, dass im Betraum die größte Sauberkeit herrscht und auch, dass den Frauen der Gemeinde gegenüber die ihnen gebührende Ehrerbietung an den Tag gelegt wird. Das hat zur Folge, dass sich viele Beter angezogen fühlen. Die Mitgliederzahl der Gemeinde steigt schnell an. Nach nur einigen Jahren muss die Aguda bereits einen größeren, weitläufigeren Raum im sefardischen Waisenhaus auf der *Rechov Yafo* anmieten. Die Satzung sieht vor, dass jeder mit Vollendung des 18. Lebensjahrs Mitglied der Gemeinde werden kann. Dafür zahlt er eine Aufnahmegebühr sowie später einen jährlichen Mitgliedsbeitrag. Diese neue Synagoge zieht auch andere Interessenten an, so auch liberale Kräfte, wie sie in Europa und in den USA üblich sind. Der Gemeindevorstand muss ihnen gegenüber wiederholt erklären, dass man sich zwar als eine moderne Gemeinde verstehe, sich aber dennoch der Orthodoxie zurechne.

Abb. 26: Die Jeschurun-Synagoge, links; rechts davon der Verwaltungsbau. Außenansicht.

1935 ist es dann endlich soweit: Die neue Jeschurun-Synagoge wird feierlich eingeweiht. Seit den 1920er Jahren hatte man mit dem Sammeln von Mitteln für den Bau einer Synagoge begonnen, aber erst 1934 kann der Grundstein gelegt werden. Für einen modernen Synagogenbau braucht man auch Architekten, die sich vom Überlieferten lösen können. Die Architekten Meir Rubin und Alexander Friedman wagen denn auch etwas ganz Neues. Sie entwerfen einen rechteckigen, mehrgeschossigen Baublock für die Verwaltungsräume. An diesen fügen sie die eigentliche Synagoge in geschwungener Linie als einen rund geführten Bau an. Das glatte Mauerwerk des Außenbaus wird nur durch schmale, längliche Fensterschlitze gegliedert, sein Inneres ist äußerst schlicht gehalten. Verglichen mit anderen Synagogen, wie sie damals im ganzen Land Israel entstehen, muss die Jeschurun-Synagoge geradezu avantgardistisch gewirkt haben, – und sie wirkt auch heute noch sehr modern. (Die Jeschurun-Synagoge befindet sich in der *Rechov Shmuel ha-Nagid* 30, Ecke *Rechov King George* in Jerusalem).

Im Inneren erinnert die geschwungene Line des Raums an den Ort, an dem der Sanhedrin vor über zweitausend Jahre zusammenkam. Dieser

Eindruck wird durch die hohen, schmalen Fenster und das Fehlen jeder besonderen Dekoration zusätzlich verstärkt. Der Architekt Friedman entwirft auch den Thora-Schrank und die Bima, das Vorlesepult, und legt die Aufstellung der Sitze in dem großen, von ihm geschaffenen Raum fest. Das Gebäude sollte seine ihm zugedachte Aufgabe in der besten Art und Weise erfüllen und gleichzeitig ein ästhetischer Genuss sein.

Abb. 27: Die Jeschurun-Synagoge.
Innenansicht mit Blick auf den Thora-Schrein.

Anfangs füllen mehrere hundert Klappstühle den weiten Raum, denn erst einige Jahre später hat man genug Geld beisammen, um das endgültige Mobiliar aufzustellen. Anlässlich der Achtzigjahrfeier der Agudat-Jeschurun wird das Mobiliar noch einmal ausgewechselt, und dieses Mobiliar ist bis heute in der Synagoge zu sehen. Der Verwaltungsbau nebenan beherbergt eine Bibliothek, Büros und einen kleinen Festsaal. Der Betsaal dient nicht nur als Ort des Gebets am Schabbath und an den Feiertagen, sondern auch als Auditorium und Vortragssaal.

Die Italienische Synagoge

Barocken Glanz strahlt dagegen die Italienische Synagoge in der *Rechov Hillel* 27 in Jerusalem aus. Denn sie wird zwar 1952 an ihrem jetzigen Standort feierlich eingeweiht, tatsächlich stammt sie jedoch aus dem Ort Conegliano Veneto, einem Dorf zwischen Venedig und Padua. Ihre erste Einweihung hat sie bereits im Jahr 1701 erlebt, als sie die

Abb. 28: Die Italienische Synagoge. Blick auf den Eingang.

Synagoge ersetzte, die die Juden von Conegliano Veneto 1637 in ihrem Ghetto errichtet hatten, in das sie in jenem Jahr ziehen mussten. Eine erste jüdische Familie in diesem Ort ist bereits im Jahr 1398 dokumentiert. Rund hundert Jahre später verfügt der Ort über eine eigene Synagoge und einen eigenen Friedhof. Gegen Ende des 16. Jahrhunderts lebt eine große jüdische Gemeinde im Dorf, die seit 1604 sogar über eine eigene Jeschiwa verfügt. Das verdankt sie dem Strom der Flüchtlinge aus Venedig und Padua, die sich nach den Talmud-Verbrennungen nach Conegliano Veneto retten. Im 19. Jahrhundert kommt mit der Emanzipation auch der Rückgang jüdischer Gemeinden auf dem Land. Deshalb schließt die Synagoge 1900 ihre Tore, den Schlüssel bewahrt eine ältere Dame auf, die nach dem Rechten schaut. Im Jahr 1918 erlebt die Synagoge eine kurze hoffnungsfrohe Neubelebung, denn es kommen jüdische österreichisch-ungarische Soldaten in den Ort, und sie beten in der alten Synagoge. Es ist aber nur ein Intermezzo. Als die Soldaten weiterziehen, fällt die Synagoge wieder zurück in ihren Dornröschenschlaf. Daraus wird sie erst erlöst, als im Jahr 1951 einige Juden in Israel, die ursprünglich aus Italien eingewandert sind, darunter Dr. Menahem Emanuel Hartum, Moshe HaCohen Pirani und Dr. Shlomo Umberto Nahon, versuchen, die Synagoge nach Jerusalem zu bringen. Ihre Anstrengungen haben Erfolg: 1952 wird die Synagoge ein zweites Mal feierlich in Jerusalem eingeweiht.

Sie befindet sich jetzt in einem Gebäude, das früher einmal eine katholische Institution der Deutschen beherbergt hatte und unter dem Namen „Schmidt-Komplex" bekannt war. Das 1875 erbaute Haus diente als Kloster für junge katholische Mädchen (syrische Christen) und umfasste auch ein Hospiz, in dem Pilger Unterkunft fanden. In den 1940er Jahren zog das Kloster um, sodass das Haus leer stand. Darin ließen sich Büros und eine kleine Schule nieder. Ende 1940 erhielt die italienische jüdische Gemeinde das Recht, wöchentlich einen G-ttesdienst abzuhalten. Als dann die in ihre Einzelteile zerlegte Synagoge aus Conegliano Veneto in Israel eintraf, bot sich diese ehemalige Schule als idealer Ort geradezu an.

Am eindrucksvollsten in dieser Synagoge ist der Thora-Schrank – übrigens noch immer derselbe, der schon in der ersten Synagoge aus dem Jahr 1490 gestanden hatte. Er ist aus Holz und über und über mit Blattgold überzogen. Später wurde er im venezianischen Rokoko-Stil noch ein wenig erweitert und weist zu jeder Seite eine mit Weinranken umschlungene Säule auf, die wohl an die beiden Säulen Boas und Ja-

Abb. 29: Die Italienische Synagoge. Der Innenraum mit Thora-Schrank,
Sitzbänken und Frauenemporen.

chin erinnern sollen, die einst vor Salomos Tempel standen. Ebenfalls
mit Blattgold überzogen ist der gekröpfte Giebel über dem Türsturz,
und vergoldet sind auch die Lampen und Leuchter. Die Wandtäfelung besteht aus altem Kirschholz, die Sitze sind aus
Nussholz. Das gesamte Mobiliar, wie es in dieser Synagoge zu sehen ist,
stammt aus dem Ort Conegliano Veneto und wurde 1951 zusammen
mit der übrigen Einrichtung nach Jerusalem gebracht. Die Bima in der
neu aufgebauten Synagoge stammt ebenfalls aus Italien, und sie ist hier
in der hinteren Hälfte des Raums aufgestellt, obwohl sie in Conegliano
Veneto ursprünglich in der Raummitte gestanden hatte. Damals befand sich darüber eine Kuppel mit Fenstern, die sie beleuchteten. Diese
Aufstellung lässt darauf schließen, dass es sich bei den ersten Betern im
14. Jahrhundert in Conegliano Veneto möglicherweise um Flüchtlinge
aus Deutschland gehandelt haben könnte, die nach den Pestpogromen
in den Jahr 1348 bis 1350 nach Italien geflohen waren. Später wurde
die Bima noch in Italien nach hinten versetzt, was wiederum den
Schluss erlaubt, dass es sich nunmehr eher um italienische Juden han-
delte, die hier zum Beten zusammenkamen.

Die Frauenempore läuft an drei Seiten des Betraums entlang, allerdings war der Raum in Conegliano Veneto höher als der in Jerusalem,
weshalb sie etwas tiefer liegt als dort. Der Sichtschutz davor, ein vergol-

Abb. 30: Die italienische Synagoge. Innenansicht. Blick in den
Thora-Schrank. Typisch italienische Thora-Rollen, geschmückt mit Kronen
bzw. *Rimmonim*, „Granatäpfeln", und Glöckchen.

detes Gitter, kann geöffnet werden, sodass die Frauen einen besseren Blick auf das Geschehen im Betraum der Männer haben.

Die Thora-Rollen, auch sie aus Italien nach Jerusalem gebracht, sind in Mäntel gehüllt, die an die Gewänder des Hohepriesters erinnern sollen, und sie sind mit Kronen oder *Rimmonim* mit Glöckchen bekrönt. Die gesamte Synagoge wird 1980 gründlich renoviert. Die Gemeinde in Jerusalem zählt 400 Mitglieder, davon kann die Synagoge 250 Personen fassen. Sie stellen nur einen Teil der heute insgesamt 9000 Juden italienischer Abstammung in Israel dar, davon kamen 4000 direkt aus Italien ins Land. Überdies sprechen auch noch rund 30 000 libysche Juden, die heute ebenfalls in Israel leben, Italienisch.

Ebenso sehenswert wie die italienische Synagoge ist das Museum der italienischen Juden direkt nebenan. In vier kleineren Ausstellungsräumen sind eine Sammlung von Thora-Schranktüren, herrliche Textilien, Chanukkijot aus Messing, Kupfer und Silber, illuminierte Eheverträge, Thora-Kronen und *Bessamim*-Büchsen zu sehen. Im Museum gibt es zusätzlich zur Dauerausstellung immer wieder Wechselausstellungen, und es betreibt auch ein Restaurationszentrum für Holz und Textilien. Abgerundet wird das Kulturangebot durch Studientage zur italienisch-jüdischen Kultur sowie durch Vorträge und Konzerte.

Und noch etwas wird dem Besucher beim Betreten, spätestens aber beim Verlassen der Italienischen Synagoge auffallen. Rechts vom Eingang, wenn man davor steht, führen vier Stufen hinauf auf eine erhöhte Plattform. Dort steht die Struktur einer Sukka, einer Laubhütte. Mit etwas Fantasie kann man sie sich vorstellen, wenn zum Sukkot-Fest Palmenblätter auf die Dachbalken kommen, genug, um die Sonne tagsüber aus der Hütte zu halten, aber gerade so dicht, damit des Nachts die Sterne durch das Palmendach zu sehen sind. Dann fehlen nur noch die Tische und Sitzbänke und die Synagogenbesucher, die hier nach dem G-ttesdienst zur zweiten Schabbath-Mahlzeit einkehren, die traditionellen Segenssprüche beim Betreten der Sukka und vor Beginn des Mahls zu sagen und es sich schmecken zu lassen. Selbst in diesem Zustand, ohne jeden Schmuck, verströmt diese Sukka unter dem hellen Jerusalemer Himmel Leichtigkeit und Fröhlichkeit.

Abb. 31: Die italienische Synagoge.
Die *Sukka*, „Laubhütte", rechts vor dem Eingang.

Die Synagogen der Hebräischen Universität

In den 1960er Jahren setzt dann die Tendenz ein, in den funktionalen Baustil, wie er seit den 1920er Jahren an Boden gewonnen hatte, symbolische Formen einfließen zu lassen. Wie schon davor in den USA und in Europa bietet sich hier insbesondere die Erinnerung an das Stiftszelt an. Es diente den Israeliten während ihrer vierzigjährigen Wanderung durch die Wüste bekanntlich als zentrales Heiligtum. Nachdem nach dem Ende des Unabhängigkeitskriegs im Jahr 1949 der Skopus-Berg und das darauf liegende Gelände der Hebräischen Universität nicht mehr frei zugänglich waren, entsteht im westlichen Stadtteil von Jerusalem ein neuer Campus.

Die Israel-Goldstein-Synagoge in Givat-Ram

Für dieses neue Universitätsgelände entwerfen die beiden Architekten Heinz Rau und David Resnick ein für Jerusalem damals von der Form her ungewöhnliches Bethaus: ein rundes Zelt aus Beton, getragen von acht gedrungenen Bögen. Weiß ragt dieses Zelt mitten aus dem Grün der gepflegten Anlagen der Hebräischen Universität in Givat-Ram. Mittlerweile breiten sich grüne Ranken auf dem Zelt aus und mildern das blendende Weiß. Und auch die drum herum gepflanzten Büsche und Zierbäume sind in die Höhe gewachsen, sodass das weiße Zelt schon beinahe geheimnisvoll aus dem Grün heraus den Besucher von weitem grüßt.

Abb. 32: Givat-Ram. Die Israel-Goldstein-Synagoge auf dem Gelände der Hebräischen Universität. Außenansicht.

Das Innere überrascht durch seine Strenge. Pfeiler tragen im Inneren der Bögen eine Plattform. Diese erhöhte, frei zwischen den Wänden schwebende Plattform bildet den Synagogenboden. Die Halbkugel im Inneren ist, genau wie das Zeltdach außen, weiß getüncht. Wände und Decken entbehren aller Ornamentik, sie werden sozusagen durch das Licht geschmückt, das auf allen Seiten von unten her eindringt. Es gibt keine Fenster.

Und auch die Ausstattung des Innenraums ist geradezu spartanisch zu nennen. Vor der Wand, die zum Tempelberg blickt, steht ein einfacher, rundum von einem *Parochet,* einem Thora-Vorhang, verhüllter Thora-Schrein frei im Raum auf einem ovalen Podium. Er wird gerahmt von einem feinen Gitter, an das sich die *Amud,* die „Säule", lehnt, an der das Morgengebet gesagt wird. In einiger Entfernung, un-

Abb. 33: Givat-Ram. Die Israel-Goldstein-Synagoge.
Innenansicht mit Blick auf Thora-Schank, Bima und *Mechiza*.

gefähr in der Mitte des Raums, steht ein länglicher, karg anmutender Tisch, die Bima. Eine Samtdecke bedeckt ihn. Zu beiden Seiten sind raffiniert einfache Stühle, die die Strenge des Raums weiter unterstreichen, in ordentlichen Reihen aufgestellt. Für die Frauen unter den Synagogenbesuchern wurde eine *Mechiza,* eine Trennwand, mit dichten weißen Vorhängen aufgestellt, dahinter wiederum dieselben Stühle für die Beterinnen. Damit wurde eine weitere mögliche Variante für die Sitzplätze von Beterinnen in einer Synagoge gewählt: nicht auf der Frauenempore und auch nicht im hinteren Bereich der Synagoge, sondern ans Ende einer Stuhlreihe für die Beter, abgetrennt durch eine Trennwand, wie in einer orthodoxen Synagoge üblich. Eine zartgliedrige Menora, ein siebenarmiger Leuchter, rechts vom Thora-Schrank ist der einzige Schmuck in diesem ansonsten schmucklosen Synagogeninterieur.

Diese eher kleine Synagoge wird 1957 feierlich eingeweiht.

Als nach dem Sechstage-Krieg sowohl die Altstadt von Jerusalem als auch das alte Universitätsgelände auf dem Skopus-Berg wieder zugänglich werden, kann man nicht nur die teilweise oder völlig zerstörten Synagogen restaurieren bzw. wieder aufbauen, auf dem Skopus-Berg entsteht 1983 eine neue Synagoge.

Die Hecht-Synagoge auf dem Skopus-Berg

Eine Treppe führt zu der Plattform hinauf, auf der die Synagoge steht. Über eine weitere, schmalere Treppe gelangt man zum Synagogeneingang des als Rundbau konzipierten Gebäudes, das ein achtarmiger Chanukka-Leuchter mit dem *Schammasch,* dem „Diener" in der Mitte, bekrönt.
Alle Synagogen sowohl in Israel als auch in europäischen Ländern sind generell geostet, d.h. sie blicken nach Osten, und an dieser Ostwand steht auch das heute „Allerheiligste" einer Synagoge, nämlich der Thora-Schrank mit den Thora-Rollen. Die Beträume in Jerusalem sind ihrerseits nach dem Tempelberg ausgerichtet, und dann wird unter Umständen vom bekannten Schema abgewichen. Denn genau so eine Ausnahme von dieser Ostung stellt nun diese Synagoge auf dem Sko-

Abb. 34: Skopus-Berg. Die Hecht-Synagoge auf dem Gelände
der Hebräischen Universität. Außenansicht.

Abb. 35: Skopus-Berg. Die Hecht-Synagoge. Innenansicht mit
Blick auf das große Panoramafenster in der Südwand.

pus-Berg dar. Der israelische Architekt Ram Carmi hat sie als Zentral-
bau geplant und wich bei seiner Planung vom allgemein gebräuchli-
chen Schema ab. In die dem Tempelberg zugewandten Südwand hat er
ein großes Fenster eingebaut, das den Blick auf den Tempelberg gestattet. Auf diese Weise hat das Fenster den Thora-Schrank ersetzt. Die
Thora-Rollen sind in Nischen seitlich davon untergebracht. Die Bima,
das Vorlesepult, steht vor diesem leicht erhöhten Panoramafenster, sodass die Worte der Bibel von der Höhe des Skopus-Berges über das Tal
darunter direkt zum Tempelberg getragen werden.

Das Synagogeninnere bildet ein Pentagon, also ein Fünfeck, das heißt,
die Sitzbänke für die Beter sind entsprechend den Vorgaben des Rund-
baus an vier Seiten rund um das Fenster und damit auch um die Bima
herum angeordnet. Die fünfte Seite des Fünfecks wird von dem großen
Panoramafenster im Süden eingenommen. Blickt der Beter von seinem
Siddur, dem Gebetbuch, auf, schaut er direkt auf den Tempelberg. Von
der Frauenempore blicken die Beterinnen durch großzügige längliche

Öffnungen hinunter auf das Geschehen im Betsaal unter ihnen und durch das Panoramafenster hinaus.

Solch eine außergewöhnliche Lösung konnte nur hier, an diesem erhöhten Standort in Jerusalem, verwirklicht werden.

Abb. 36: En-Kerem. Die Abbell-Synagoge des Hadassah-Krankenhauses. Außenansicht.

Die Abbell-Synagoge mit den Chagall-Fenstern

Ganz anders als die beiden Synagogen der Hebräischen Universität auf dem Universitätsgelände von Givat-Ram bzw. auf dem Skopus-Berg bringt die Abbell-Synagoge des Hadassah-Krankenhauses in Jerusalem jüdische Symbolik auf eine neue, eigenwillige Weise zum Ausdruck. Wohl geschützt vor den rauen Winden, die hier oben auf dem Berg vor allem im Winter beißende Kälte bringen, duckt sich die Abbell-Synagoge des Hadassah-Krankenhauses auf den ersten Blick unauffällig zwischen zwei hoch aufragenden Krankenhaustrakten. Auf einem festen quadratischen Sockel ruht eine ebenso quadratische, vom Rand des Erdgeschosses zurückversetzte Dachpartie. Auf diesem Dach lässt

Abb. 37: En-Kerem. Die Abbell-Synagoge. Innenansicht mit Blick
auf einige Chagall-Fenster.

es sich herumspazieren und die Fenster zunächst einmal von außen in
Augenschein nehmen. Jeweils drei Fenster an jeder der vier Seiten sind
es. Insgesamt zwölf Fenster.

Beim Betreten der Synagoge wird der Blick des Besuchers beinahe unvermittelt nach oben, hinauf zu diesen Fenstern gelenkt, sodass die In-
neneinrichtung der Synagoge kaum wahrgenommen wird. Es ist denn
auch ein einfaches, elegantes Interieur, bestimmt durch den sanften
ins Gelbliche spielenden Schimmer des Jerusalem-Steins, der so unauf-
dringlich wirkt, dass er nicht von der Hauptsache, den zwölf Fenstern
oben, ablenkt. Marc Chagall, der sie gestaltete, hat sie den zwölf Stämmen Israels gewidmet. Jedes dieser Fenster zeigt Motive, die einen
Stamm symbolisieren und aus dem biblischen Text hergeleitet sind. Die
Stämme-Symbolik, die zu Beginn des 20. Jahrhunderts im Zusammen-

hang mit Synagogenbauten entweder an Bronzetüren (Essen 1911/13) oder auf Rundschildern an Frauenemporen (Augsburg 1913/17) vorkamen, bestimmt hier den ganzen Bau.

Um sicherzustellen, dass jedes Fenster genau das benötigte Licht erhält, kam Marq, Chagalls Assistent, eigens nach Jerusalem, um Tests an den Stellen zu machen, an denen jedes der Fenster angebracht werden sollte. Chagall und Charles Marq, sein Assistent, arbeiteten insgesamt zwei Jahre an dem Vorhaben. Während dieser Zeit entwickelte Marq ein besonderes Verfahren zum Aufbringen von Farbe auf das Glas. Auf diese Weise konnte Chagall für eine einzige Glasscheibe bis zu drei Farben verwenden, ohne dabei durch die traditionelle Technik eingeengt zu werden, bei der jede einzelne Farbe einer Glasscheibe von einem Streifen Blei gerahmt werden muss.

Die Synagoge wurde in Anwesenheit des Künstlers am 6. Februar 1962 feierlich eingeweiht, als das Hadassah-Krankenhaus sein fünfzigjähriges Jubiläum feierte.

Die Fenster stellen die zwölf Söhne von Stammvater Jakob dar, aus denen die zwölf Stämme Israel hervorgingen. Die Fenster bevölkern schwebende Tiere, Fische, Blumen sowie zahlreiche jüdische Symbole. Als wichtigste Inspiration diente Chagall die Hebräische Bibel, insbesondere Genesis 49, wo Jakob seine zwölf Söhne segnet, sowie Deuteronomium 33, wo Moses die zwölf Stämme segnet. Die vorherrschenden Farben eines jeden Fensters inspirieren sich an diesen Segenssprüchen sowie an der Beschreibung des Brustschilds des Hohepriesters in Exodus 28,15, das die Farben Gold, Blau, Purpur und Scharlach aufwies und zwölf Edelsteine enthielt, wie Smaragd, Türkis, Saphir, blauer Hyazinth, Achat, Beryll (=helles Meergrün), Lapislazuli und Jaspis.

Jede Glasscheibe ist ein Spiegelbild von Chagalls Welt, seiner wirklichen und seiner erträumten, zeugt von seiner Liebe für sein Volk, seiner zutiefst empfundenen Identifizierung mit jüdischer Geschichte und seinen Kinder- und Jugendjahren im russischen *Shtetl*.

Die Große Synagoge

Schon im Jahr 1923 haben die israelischen Oberrabbiner, Abraham Kook und Jacob Meir, Pläne für den Bau einer großen zentralen Synagoge in Jerusalem. Aber erst 30 Jahre später, 1958, wird im *Hechal Shlomo*, dem Sitz des Oberrabbinats von Israel, eine kleine Synagoge eingerichtet. Im Laufe der Zeit wird es in dieser Synagoge zu eng für die vielen Menschen, die regelmäßig zum Gebet kommen. Und noch einmal über zwanzig Jahre später wird endlich der Bau einer repräsentativen, großen Synagoge für Jerusalem beschlossen. Als Standort bietet sich ein Gelände direkt neben Hechal Shlomo an, und auch ein großzügiger Spender ist bald gefunden: Sir Isaac Wolfson, ein jüdischer Philanthrop aus England. Die Familie Wolfson widmet die Synagoge dem Gedenken an die sechs Millionen ermordeten Juden und die gefallenen Soldaten der Israelischen Verteidigungskräfte.

Man will, wie gesagt, eine zentrale Synagoge mit einem professionellen *Chasan*, „Vorbeter", und einem Chor, wobei anzumerken wäre, dass in Jerusalem schon seit dem Ende des 19. Jahrhunderts Chasanim in den Synagogen beschäftigt werden, so in der Churva- und in der Jeschurun-Synagoge. Einen Chor hat es dagegen noch nie gegeben.

Als Architekt kann Alexander Friedman gewonnen werden. Er entwirft einen Bau, der ähnlich streng wie die Jeschurun-Synagoge ist, die er fünfzig Jahre zuvor geplant hat. Er besteht aus großen, senkrecht gestaffelten Baugliedern. In die Fassade ist ein hohes, fünfteiliges Glasfenster gesetzt, in dem zahlreiche Motive aus der jüdischen Ikonographie dargestellt sind und auf das noch zurückzukommen sein wird. Bekrönt wird die Fassade von der stark stilisierten Darstellung der Gesetzestafeln.

Im Eingangsbereich ziehen erst einmal Schaukästen zu jeder Seite der Vorhalle die Aufmerksamkeit des Besuchers auf sich. Ein näherer Blick darauf, vor oder nach dem Besuch der Synagoge, empfiehlt sich auf jeden Fall. Denn diese Schaukästen enthalten die weltweit größte Sammlung von *Mesusot*. Sie stammen aus jedem Winkel der Erde, wo immer Juden sich niederließen. Erst ein längerer Blick auf die Exponate erschließt diesen Reichtum. Es gibt kleine und große, einfache und andere, die vor Zieraten nur so funkeln. Eine überwältigende Menge, die den Besucher beinahe von seinem eigentlichen Vorhaben, dem Synagogenbesuch, ablenken möchte. Aber dann geht es von der Vorhalle die Treppe hinauf, was der Vorgabe entspricht, dass eine Synagoge

Abb. 38: Jerusalem. Die Große Synagoge. Außenansicht.

dem Himmel so nahe wie möglich liegen sollte. Hat der Besucher die
Eingangstür erreicht, bleibt er erst einmal überrascht stehen, so über-
wältigend ist der Raum, der sich vor seinen Blicken entfaltet.

Die Synagoge hat eine Fläche von 1000 Quadratmetern. In der 20
Meter hohen Haupthalle – die übrigens ohne Sicht versperrende Pfei-

ler auskommt – gibt es 1000 Sitzplätze für Männer und 500 für Frauen. Sie sind an fünf Seiten rund um die Bima in der Mitte angeordnet. Die sechste Seite nimmt der große Thora-Schrank ein. In dieser Synagoge wird nach dem aschkenasischen Ritus gebetet. Deshalb steht die Bima, das Vorlesepult, wie schon erwähnt, in der Mitte des Betraums.

Abb. 39: Jerusalem. Die Große Synagoge. Innenansicht mit
Blick auf Bima und Thora-Schrank.

Abb. 40: Die Große Synagoge. Der große Kronleuchter über der Bima.

Darüber hängt ein wuchtiger Kronleuchter, der 3,5 Tonnen wiegt. Neben diesem gewaltigen Kronleuchter in der Mitte erhellen weitere 24 Leuchter das Synagogeninnere.

Der dreiteilige Thora-Schrank steht an der Wand, die zum Tempelberg blickt. Es ist gegenwärtig der größte Thora-Schrank der Welt. Oben wird er von einem geraden Türsturz abgeschlossen, der an beiden Enden in Schwingen ausläuft – möglicherweise eine Anspielung auf die Schwingen der *Cherubim*, die sich auf der Bundeslade im Allerheiligsten des Ersten Tempels befanden. In der Mitte sind nebeneinander drei kleinere Aufbauten angebracht, die an Thora-Kronen erinnern. Dieser Thora-Schrank lässt sich, wie die meisten Thora-Schränke überdies noch durch Türen verschließen. Vor diesem mächtigen Thora-Schrank hängt ein *Ner tamid*, ein „Ewiges Licht", das wie alles in der Synagoge ziemlich mächtige Proportionen hat. Den Boden bildet ein kleinerer Davidstern. Darüber umgibt ein größerer Davidstern schützend das brennende Licht, und ein dritter, wieder kleinerer Davidstern, bildet den oberen Abschluss. Ein dreiteiliges Ner tamid, passend zum dreiteiligen Thora-Schrank.

Bevor die Türen des Thora-Schranks geschlossen werden, soll jedoch noch ein Blick auf den Thora-Vorhang, nein die drei Thora-Vorhänge geworfen werden, denn jeder Teil des Schranks hat einen eigenen Vorhang. Auf dem mittleren Vorhang ganz oben eine Thora-Krone, flankiert von den hebräischen Buchstaben *Kaf*, rechts, und *Taw*, links, die für *Keter Thora*, eben „Thora-Krone" stehen. Darunter das Emblem des Staates Israel: die Menora, mit brennenden Lichtern, die einzige Abweichung von der Menora in Israels Emblem, sowie je einem Olivenzweig zur Seite und darunter das Wort Israel auf Hebräisch. Auf dem rechten Vorhang haben wir die Namen der ersten sechs Stämme Israels, angefangen von Reuben oben bis zu Sebulon unten und darüber das passende Symbol eines jeden Stammes; auf dem linken Vorhang geht die Aufzählung der Stämme samt ihren Symbolen weiter: ganz oben Dan bis hinunter zu Benjamin. Eine ansprechende Darstellung Israels und seiner zwölf Stämme, gewirkt mit Goldfäden auf dunkelrotem Samt. Dahinter verbergen sich die vielen Thora-Rollen, gehüllt in kostbare, gestickte verschiedenfarbige Samtmäntel, mit einer Krone auf den Rollstäben. Eine würdige Kleidung und ein würdiger Ort für die Worte G-ttes, die die Thora nach traditionellem jüdischem Verständnis enthält. Vor dem Thora-Schrank befindet sich ein Podium für den Chor, das, wenn es nicht gebraucht wird, versenkt werden kann.

Natürlich ist auch die Bima in der Mitte nicht zu übersehen. Sie ist aus dem gleichen hellen, beinahe weißen Marmor wie der Thora-Schrank und bildet einen gewichtigen Gegenpol zu diesem. Zwei Treppen mit jeweils fünf Stufen führen hinauf zum Vorlesepult, eine zum Hinaufgehen und die zweite, um die Bima wieder zu verlassen. Ausschlaggebend für diese Anordnung in dieser Synagoge und in allen

anderen, die stets zwei Aufgänge zur Bima haben, war ein Vers in Eze-
chiel: „Wer eingeht durch das Nord-Tor, … der gehe hinaus durch das
Süd-Tor, und wer eingeht durch das Süd-Tor, der gehe hinaus durch
das Nord-Tor" (46,9). Drei Bänke mit roten Polstern laden auf der
Bima jene Beter, die aufgerufen wurden, ein, nach der Lesung mit einer
Thora-Rolle im Arm auf die Fortsetzung des G-ttesdienstes zu warten.
Vier hell leuchtende Lichter, zwei zu jeder Seite der Bima, unterstreichen die Bedeutung, die diesem Ort zukommt, an dem dreimal in der
Woche, am Montag, am Donnerstag und am Schabbath, aus der Thora
vorgelesen wird. Der Raum zwischen Bima und Thora-Schrank ist leer. Damit erfüllt
dieser großartige Betraum all die Anforderungen, die an ihn gestellt
werden: Die Beter, die im Erdgeschoss sitzen, wie auch die Frauen auf
ihrer Empore, sind rund um den Betraum versammelt und haben
einen ungestörten Blick sowohl auf die Bima in der Raummitte als
auch von dort auf den Thora-Schrank, sodass sie das Geschehen unge-
hindert verfolgen können.

Zum Schluss soll noch etwas näher auf das große Glasfenster eingegan-
gen werden. Dieses Glasfenster ist das Werk der Künstlerin Regina
Heim, und es besteht aus mehreren Teilen, die die verschiedenen Ent-
wicklungen in der Geschichte der Welt und des jüdischen Volkes symbolisieren. Im unteren Teil sind da zunächst die Wurzeln, aus denen
der Lebensbaum herauswächst, ebenso wie der brennende Dornbusch.
Darüber befindet sich ein farbiger Bogen, der unterteilt ist in „warme"
und in „kalte" Farben. Wieder darüber sind auf unterschiedliche Weise
die Sonne und das ewige Leben dargestellt. Im obersten Bereich sind
nicht nur die himmlischen Elemente des Judentums wiedergegeben,
sondern auch der kabbalistische „Lebensbaum", was die Einstellung
der Kabbala in Bezug auf G-ttes Auffassung zum Gebet zeigen soll.
Über das gesamte Glasfenster verstreut sind die Namen der Stammvä-
ter in hebräischen Buchstaben. Die drei Zitate aus der Hebräischen
Bibel besagen, angefangen vom unteren: „Denn von Zion geht aus die
Lehre und das Wort des Ewigen von Jerusalem"; in der Mitte rechts:
„Ich bin, der ich bin", und, ganz oben: „Dein, Ewiger, ist die Größe,
die Stärke, die Herrlichkeit, der Sieg und die Majestät, ja, alles was im
Himmel und auf Erden ist".
Außer diesem fünfteiligen Glasfenster wurden alle übrigen Einrich-
tungsgegenstände eigenhändig vom Architekten, Alexander Friedman,
gestaltet. Dazu gehören die kleineren Glasfenster rundum im Betraum,
die Leuchter, die Symbole an der Frauenempore, die Sitze, der Thora-

Abb. 41: Jerusalem. Die Große Synagoge. Innenansicht.
Das große Glasfenster über dem Thora-Schrank.

Schrank, die Thora-Vorhänge und sogar der Festsaal im Untergeschoss.
Dort befindet sich auch eine kleine Synagoge, in der nach sefardischem
Ritus gebetet wird. Als die Große Synagoge am 15. Aw 1982 feierlich
eingeweiht wird, hat Jerusalem endlich auch eine große, repräsentative
Synagoge bekommen.

Die Synagoge von *Yad va-Shem*

Im Jahr 1953 beschließt der Staat Israel die Gründung einer Behörde zum Gedenken an die Opfer des Holocaust, die *Holocaust Martyrs' and Heroes' Remembrance Authority.* Ihre Aufgabe war und ist es, das Gedenken an die sechs Millionen Juden wachzuhalten, die die Nazis und ihre Verbündeten ermordet hatten. Überdies sollte sie das Erbe der Tausenden von jüdischen Gemeinden bewahren, die zu jener Zeit zerstört worden waren. Gleichzeitig sollte sie den jüdischen Freiheitskämpfern Tribut zollen und auch jene Gerechten unter den Völkern ehren, die ihr Leben aufs Spiel gesetzt hatten, um Juden zu retten.

In Yad va-Shem werden all jene Zeugnisse zusammengetragen, die an die ermordeten Juden erinnern. Aber die Behörde versteht sich auch als Unterrichts- und Forschungsstätte und gibt Publikationen zu dem Thema heraus. Yad va-Shem liegt auf dem *Har ha-Sikaron,* dem „Berg des Gedenkens". Seine Einrichtungen umfassen das weltweit umfangreichste Holocaust-Archiv mit Bibliothek, die Halle der Namen, die Internationale Schule für Holocaust-Studien, das Museum zur Geschichte des Holocaust ebenso wie die Gedenkhalle, die Kindergedenkstätte, das Tal der Gemeinden, den Gedenkstein der Deportierten

Abb. 42: Yad va-Shem. Die Gedenkhalle. Außenansicht.

sowie die Straße und den Garten der Gerechten unter den Nationen. Und es gibt auf dem Har ha-Sikaron auch eine Synagoge.

Die Gedenkhalle ist ein in seiner Schlichtheit beeindruckender, Zelt ähnlicher Basaltbau. Hier kann der Besucher der Ermordeten gedenken. In den Boden sind die Namen von 22 Todeslagern eingelassen, stellvertretend für die vielen Hunderte von Orten, an denen Juden in ganz Europa ermordet wurden. Neben einer Krypta, die Asche von Opfern aus den Todeslagern enthält, brennt ein Ewiges Licht. Der Architekt des Baus heißt Aryeh Elhanani. Das Ewige Licht ist das Werk von Kollo Eloul, das Südtor wurde von David Palombo geschaffen und das Westtor von Bezalel Schatz.

Abb. 43: Yad va-Shem. Skulptur. Janusz Korczak und seine Kinder.

Dr. Henrik Goldschmidt heißt der herausragende polnisch-jüdische Erzieher, der sich bemühte, in seinem Waisenhaus im Warschauer Ghetto die ihm anvertrauten Kinder zu retten. Schon vor der Ankunft der Nazis in Warschau hatte sich Janusz Korczak, unter diesem Pseudonym war er in der breiten Öffentlichkeit bekannter, als Erzieher, der damals völlig neue und revolutionäre Methoden im Umgang auch mit schwierigen Kindern und Jugendlichen einführte, einen Namen gemacht. Trotz aller Bemühungen, die 200 Kinder unter seiner Obhut im Waisenhaus zu retten, wurden sie am 5. August 1942 ins Todeslager Treblinka geschickt. Obwohl es zahlreiche Angebote zu seiner eigenen Rettung gegeben hatte, lehnte Janusz Korczak alle ab und begleitete seine Kinder auf ihrem letzten Weg in den Tod. Diese Skulptur ist das Werk des Bildhauers Boris Saktsier.

Hat der Besucher das Museum zur Geschichte des Holocaust mit seinen neun unterirdischen Galerien verlassen, verspürt er vielleicht den Wunsch, einen ruhigen Ort aufzusuchen, um sich erst einmal wieder zu sammeln, bevor er sich erneut in das Alltagsleben stürzt. Ein idealer Platz dafür ist die 2005 dank großzügiger Spender aus den Vereinigten Staaten errichtete Synagoge im unteren Bereich ganz am äußeren Rand der Anlage.

Das Äußere der Synagoge ist genauso streng geometrisch und ohne alle Schnörkel wie der gesamte Komplex von Yad va-Shem. Die Wände bestehen aus eng zusammengefügten Blöcken von Jerusalemer Stein, in die rechteckige Türöffnungen eingelassen sind.

Abb. 44: Yad va-Shem. Die Synagoge. Außenansicht.

Abb. 45: Yad va-Shem. Die Synagoge. Innenansicht mit Blick
auf Bima und Thora-Schrank.

Erwartungsvoll betritt der Besucher das Haus und hält überrascht inne.
Vor seinen Blicken entfaltet sich ein Inneres, in dem eine erstaunliche
Harmonie von Farben vorherrscht. Hellbraune Stühle füllen das Halb-
rund des Raums, ausgespart ist lediglich die Wand, die zum Tempelberg
blickt. Der türkisfarbene Thora-Schrank mit sparsamen Goldverzierun-
gen, bekrönt von einem Doppeladler, taucht die Nische für den Thora-
Schrank sowie die beiden Nischen zur Linken und zur Rechten in tür-
kisfarbenes Licht. Ganz ruhig wird der Besucher hier angesichts der
Farbenharmonie und den Ruhe und Stille ausstrahlenden ebenso einfachen wie eleganten Formen von Gestühl und Wänden.

Hat sich der Besucher wieder gesammelt, wird er die Gelegenheit
nutzen, um auch die Ausstellungsgegenstände in Augenschein zu nehmen, die im äußeren Rund, von der Synagoge durch einen schmalen
Gang getrennt, in Vitrinen zu sehen sind. Es sind dies die Reste von
zerstörten Synagogen und ihren Einrichtungen vornehmlich aus Ru-
mänien – woher auch der türkisfarbene Thora-Schrank stammt –, zu
denen sich einige Exponate aus Polen gesellen.

Diese Synagoge ist der geeignete Ort, um *Kaddisch,* das Totengebet,
für die Ermordeten zu sagen und ihrer zu gedenken.

Yad va-Shem bietet sich als passender Übergang zum zweiten Teil dieses Besuchs an den Juden heiligen Stätten in Jerusalem an. Denn Juden leben nicht nur gemäß den 613 Geboten und Verboten des Ewigen, sie sind sich auch ihrer Vergänglichkeit bewusst. Daher gibt es für das Gedenken an ihre Toten, nicht nur der Ermordeten, sondern auch an die ganz friedlich Entschlafenen einen Platz in ihrem Leben, wenngleich Juden keinen übertriebenen Totenkult betreiben. Wie genau dieses Gedenken aussieht, ist nun im anschließenden Teil zu erfahren.

Orte der ewigen Ruhe

Einem jüdischen Friedhof wohnt eine ganz besondere Stimmung inne. Das mag zum Teil daran liegen, dass ein jüdisches Grab nicht nach 15, 20 oder 25 Jahren aufgelassen wird, wie es so häufig in Europa der Fall ist. Nein, die Ruhe eines Toten wird nicht gestört. Er soll im Idealfall in seinem Grab verharren, bis der von traditionellen Juden täglich erwartete Messias tatsächlich eintrifft. Das hat natürlich zur Folge, dass solch ein Grab nach mehreren Generationen in den Augen vieler möglicherweise als verwahrlost gilt, denn es ist dann meistens niemand mehr von der Familie da, der es pflegen könnte. Dafür nimmt solch ein Grab, zumal wenn es von vielen anderen Gräbern in eben diesem Zustand der leichten Verwahrlosung gerahmt wird, eine leichte Patina an, die ihm eine gewisse Verklärung verleiht, denn es steht sozusagen über der Zeit.

DER JÜDISCHE FRIEDHOF AUF DEM ÖLBERG

Genau dieser Beschreibung entspricht der Friedhof auf dem Ölberg. Seit über 3000 Jahren wird dieser Friedhof bereits mit Juden verknüpft. Viele Juden aus dem In- und Ausland ließen und lassen sich hier beerdigen, denn gemäß der jüdischen Tradition beginnt an diesem Ort die Auferstehung. Vom Gipfel des Ölbergs bis hinunter ins Kidrontal ergießen sich die Gräber. Sie gleißen im starken Sonnenlicht, Reihe auf Reihe von Gräbern, mit mindestens einem Abstand von dreißig Zentimetern dazwischen, wie die Tradition es erfordert, bedeckt mit horizontal liegenden, die Grabstelle bedeckenden Platten. Es sind schlichte Platten, die an den Umstand erinnern, dass die Menschen im Tod alle gleich sind. Die Inschriften sind auf Hebräisch, und die Inschriften zeigen auch gleich die Richtung des Toten im Grab an: Das Kopfende weist nach Osten, das Fußende zeigt dagegen in Richtung Westen, zur Altstadt von Jerusalem und damit zum Tempelberg hin.

Der älteste Teil des Friedhofs befindet sich im südlichen Bereich des Ölbergs – unter den Häusern des arabischen Dorfes Silwan. Schon der jüdische Reisende Benjamin von Tudela, der sich 1173 in Jerusalem aufhielt, erzählt: „Aber die Edomiter [das heißt, die Kreuzfahrer] entfernen die Steine von den Gräbern und bauen damit ihre Häuser." Andere Berichte bestätigen seine Beobachtungen: „In Jerusalem gibt es niemanden, der über die Gräber wacht … Denn die Nichtjuden in Jerusalem, der heiligen Stadt, sind bösartig und nehmen die Steine von den Gräbern. Und es gibt in Jerusalem kaum ein Haus ohne solche Grabplatten." Auch zu späterer Zeit holten sich die Bewohner des Dorfes Silwan die Grabplatten von den Gräbern, übernahmen Teile des Friedhofs und bauten ihre Häuser darauf. Die Jerusalemer Juden mussten den Arabern überdies Steuern zahlen für einen Schutz ihrer Gräber, den es gar nicht gab. In den letzten Jahren wurde rund um den Friedhof eine Mauer gebaut, um die Grenze zwischen Friedhof und dem Dorf Silwan deutlich zu kennzeichnen.

Über zwanzig Jahre lang befand sich der Friedhof auf dem Ölberg unter jordanischer Herrschaft. Während dieser Zeit kümmerte sich niemand um den Ort. Aber nicht nur das. Tausende Gräber wurden zerstört, einen großen Teil der Grabsteine verbaute man in Schützen-

Abb. 46: Der Ölberg. Blick auf das Gräberfeld.
Rechts hinten das arabische Dorf Silwan.

stellungen, andere dienten als Pflaster und wieder andere wurden für
den Bau von Kasernen verwendet. Außerdem legten die Jordanier mitten durch den Friedhof eine Straße bis auf den Gipfel des Ölbergs
hinauf zum Hotel Intercontinental. Die Grabsteine, die dabei im Weg
lagen, wurden einfach Teil der Straße, so auch der Stein, der das Grab
einer der herausragendsten deutschen Lyrikerinnen, Else Lasker-Schü-
ler, bedeckte.

Auf dem Weg vom Löwentor zum jüdischen Friedhof auf dem Ölberg
liegen unterirdische Felsengräber. Dabei handelt es sich gemäß der jüdischen Tradition um die Gräber der Propheten Haggai, Sacharja und
Maleachi.

Im Schrein des Buches im Israel-Museum in Jerusalem werden Fragmente einer Schriftrolle mit hebräischen Schriftzeichen aufbewahrt.
Dabei handelt es sich um die erhaltenen Fragmente des Buches, das
vom PROPHETEN HAGGAI geschrieben wurde. Es ist das zehnte Prophe-
tenbuch der so genannten Kleinen Propheten. Haggai lebte zur Zeit des
Perserkönigs Kyros II. dem Großen (559–530 v.d.Z.), der bekanntlich

den Judäern die Heimkehr aus dem Babylonischen Exil nach Jerusalem gestattet hatte. Und nicht nur das, auch den Wiederaufbau ihres Tempels hatte er ihnen erlaubt und sogar Mittel dazu beigesteuert. Allerdings kam es immer wieder zu Störungen des Tempelaufbaus durch äußere Feinde wie den Samaritern, sodass sich der Tempelbau stark verzögerte. Haggai mahnte wieder und wieder die Fortführung der Bauarbeiten an, und schließlich hatte er Erfolg: Im Jahr 515 v.d.Z. war der Tempel dann endlich fertig und konnte feierlich eingeweiht werden.

So wie im Schrein des Buches im Israel-Museum in Jerusalem die in Qumram am Toten Meer gefundenen Fragmente des Buches Haggai aufbewahrt werden, gibt es dort auch Fragmente des Buches, das vom PROPHETEN SACHARJA stammt. Sein Buch ist das vorletzte der zwölf Kleinen Propheten. Zusammen mit Haggai und Maleachi gehört er zu einer Gruppe von Propheten aus der Zeit gleich nach dem Babylonischen Exil. Wie ebenfalls schon bei Haggai erwähnt, waren die Einwohner Jerusalems nach ihrer Rückkehr nach Jerusalem arm (Sach. 8,10). Stadt und Tempel präsentierten sich ihnen als unwirtliche Ruinen, und auch das Land rund um die Stadt herum dürfte nicht besonders einladend ausgesehen haben. War es da ein Wunder, dass die Heimkehrer mutlos waren, sodass sie schier verzagen wollten? Was sie jetzt brauchten, waren Ermutigung und Wiedererwecken des Willens, ihr Schicksal in die eigene Hand zu nehmen. Deshalb fordert auch Sacharja, wie schon Haggai, das Volk zur Fortsetzung des Tempelbaus auf. Denn das sei die unabdingbare Vorbereitung für das Kommen des messianischen Königreichs. Das Ergebnis war tatsächlich die Fertigstellung des Tempels und seine Einweihung im Jahr 515 v.d.Z. (Sach. 12,1–14,21). Sacharjas besonderes Augenmerk gilt Serubbabel, dem persischen Statthalter von Jehud, der bei Esra als „Scheschbazzar" bezeichnet wird. Er legte nicht nur den Grundstein des Tempels, sondern vollendete ihn auch (Sach. 4,9; Esra 5,15; 6,14–16).

An letzter und damit zwölfter Stelle der schon erwähnten Kleinen Propheten steht MALEACHI. Dem Inhalt seines Buches nach zu urteilen, trat er nach der Rückkehr aus dem Exil und nach dem Wiederaufbau des Tempels, also nach 515 v.d.Z., vermutlich aber vor dem Eintreffen Esras und Nehemias in Jerusalem auf. In dieser ersten Hälfte des 5. Jahrhunderts zeichnet sich ein erschreckender geistlicher und g–ttesdienstlicher Niedergang ab. Denn nachdem die von den Heimkehrern so sehr erhoffte messianische Weltwende nicht eintrat, gab es Teile in der Gemeinschaft, die sich vom Glauben abwandten. Gemäß der Prophetentradition in Israel prangert Maleachi die Missstände furchtlos an. Er wendet sich gegen die Lässigkeit und Verderbtheit der

Priester und geht sogar so weit, vorzuschlagen, den Tempel zu schließen, falls es den Priestern unmöglich sein sollte, gültige Opfer darzubringen (Mal. 1,6–2,9). Wie später Esra und Nehemia wendet Maleachi sich gegen Mischehen, aber auch gegen die Ehescheidung (2,10–16). Weiter kündet er das Gericht G-ttes an, das einhergeht mit der Vergeltung für Zauberer, Ehebrecher, Meineidige und Ausbeuter der Armen (Mal. 2,17–3,5). Als nächstes klagt er Israel wegen des G-tt vorenthaltenen Zehnten an (3,6–12). Danach stellt er in Aussicht, dass die g-ttliche Gerechtigkeit die Oberhand behalten wird (Mal. 3,13–21). Zum Schluss mahnt er, die Moses von G-tt überreichte Thora im Herzen zu bewahren, bis G-tt den Propheten Elias als Herold des Tages des Ewigen schickt (3,22–24). Damit schreibt Maleachi als Erster Elias die Rolle eines Vorboten des Messias zu. Mit dieser Aussicht auf die Ankunft des Messias geht nicht nur das Buch Maleachi, sondern auch der zweite Teil der Hebräischen Bibel, gehen die „Propheten" zu Ende.

In der hebräischen Bibel wird eine Prophetin erwähnt, eine der wenigen weiblichen Vertreterinnen dieser Gattung. Sie lebt lange vor ihren drei soeben diskutierten männlichen Kollegen, nämlich zu der Zeit, als Josia König von Juda ist.

Das Zweite Buch der Könige berichtet in Kapitel 22, wie König Josia in seinem 18. Regierungsjahr (ca. 622 v.d.Z.) eine gründliche Renovierung des Tempels – zu diesem Zeitpunkt der Geschichte ist es noch der Erste, von König Salomo errichtete – anordnet. Im Rahmen dieser Arbeiten findet der damalige Hohepriester Hilkija das Gesetzbuch. Es wird dem König überreicht. Nachdem er es gelesen hat, zerreißt Josia seine Kleider und erklärt erschrocken: „Der Zorn des Ewigen muss heftig gegen uns entbrannt sein, weil unsere Väter auf die Worte dieses Buches nicht gehört und weil sie nicht getan haben, was in ihm niedergeschrieben ist" (2. Kön. 22,11). Er befiehlt, sich an den Ewigen zu wenden und ihn zu befragen, was sie tun müssen für eine glaubhafte Reue und Umkehr. Alsbald brechen der Priester Hilkija und die Hofleute Achikam, Achbor, Schafan und Asaja auf und begeben sich zur Prophetin Hulda, so wird diese Frau ausdrücklich im Zweiten Buch der Könige in Kapitel 22, Vers 14, genannt. Hulda ist die Frau Schallums, des Verwalters der Kleiderkammer, und sie wohnen in Jerusalem in der Neustadt. Die Gesandten des Königs tragen ihr vor, was sich ereignet hat. Daraufhin verkündet Hulda ihnen die Worte des Ewigen, wonach dieser über ihren Götzendienst so erzürnt ist, dass er ihnen Unheil und Vernichtung androht. Nur Josia, der, als er die Worte G-ttes aus Huldas Mund vernommen hat, seine Kleider zerriss und

Umkehr gelobte, soll dieses Unheil nicht erfahren. Denn er leitet sogleich eine umfassende Reform ein, säubert den Tempel von allem Götzendienst und vernichtet die Höhenheiligtümer. Als alles beendet ist, kehrt Josia zurück nach Jerusalem. Es ist die Zeit des Pessach-Festes, und zum ersten Mal seit der Zeit der Richter begeht Israel endlich wieder das Pessach-Fest, wie es im Buch vorgeschrieben ist. Zum Schluss fällt Josia in einer Schlacht, die eigentlich völlig überflüssig ist: Als Pharao Necho gegen den König von Assur an den Euphrat zieht, stellt Josia sich ihm bei Megiddo entgegen. Seine Diener bringen ihn zurück nach Jerusalem und begraben ihn dort.

Zum Schluss erfüllt sich Huldas Prophezeiung: Im neunten Regierungsjahr von Zedekia belagert Nebukadnezar, der König von Babylon, die Stadt Jerusalem. Er nimmt sie am 9. Aw des Jahres 587 v.d.Z. ein. Sie wird dem Erdboden gleichgemacht, der Tempel Salomos geht in Flammen auf, und die Oberschicht wird ins babylonische Exil geführt.

Das Grab der Prophetin Hulda liegt an der Straße, die die Jordanier durch den jüdischen Friedhof zum Hotel Intercontinental bauten, auf halbem Weg dorthin, zwischen einer Moschee und einem Karmeliterkloster. Von dort aus hat man einen weiten Blick auf Jerusalem und natürlich insbesondere auf den Tempelberg. Und noch etwas erinnert an diese Prophetin: In die Südmauer des Tempels waren zwei – heute zugemauerte – Tore eingelassen: das Doppelte Hulda-Tor und das Dreifache Hulda-Tor. Gemäß der jüdischen Tradition führte das Dreifache Hulda-Tor direkt zu ihrer Schule. Damit haben wir einen weiteren Hinweis darauf, dass auch Frauen im jüdischen Geistesleben bereits im 7. Jahrhundert v.d.Z. eine Rolle spielten, das bedeutet, sie mussten mindestens genauso gebildet sein wie ihre zeitgenössischen Kollegen, vermutlich noch etwas mehr, denn sonst hätte man sie kaum konsultiert. Und welch einen herausragenden Geist muss die Prophetin Hulda besessen haben, dass sogar König Josia sich nicht besser zu helfen weiß, als seine Hofbeamten zu ihr zu schicken und sie um Rat zu fragen!

DIE GRÄBER IM KIDRONTAL

Zwischen dem Ölberg und der östlichen Stadtmauer von Jerusalem schneidet eine tiefe Schlucht durch das Gelände. Hier erheben sich drei Grabmonumente, die im Gegensatz zu den flach liegenden Grabplatten auf dem Ölberg in den Himmel ragen.

Die Katakomben der Bnej-Chesir

Ganz rechts, wenn man mit dem Rücken zur Stadtmauer steht, liegen die KATAKOMBEN DER FAMILIE CHESIR. Dass hier tatsächlich Mitglieder dieser Familie begraben wurden, davon kündet eine Inschrift auf dem Architrav. Wer aber waren die Bnej-Chesir? Und wieso waren sie so bedeutend, dass sie ein derart aufwändiges Grabmal errichten konnten? Schließlich kann sich nicht jeder solch eine große Grabanlage leisten. Die Familie Chesir gehörte einer Priesterfamilie an, die zur Zeit des Zweiten Tempels ihr Amt ausübte.

Abb. 47: Die Katakomben der Bnej-Chesir im Kidrontal.

Die Priester, die *Cohanim* und die *Levi'im,* stellten damals die oberste Gesellschaftsschicht dar. Sie stammten entweder, wie ihr Name besagt, aus dem Stamm Levi, oder aber sie waren direkte Nachkommen Aarons. Um die Zeit des Zweiten Tempels – nach der Rückkehr aus dem Babylonischen Exil wieder aufgebaut und 515 v.d.Z. eingeweiht – hatten sich Aarons Nachkommen in der allmählich herausbildenden Rangordnung als die eigentlichen Priester den Leviten übergeordnet. Im Hinblick auf ihre Kultfähigkeit hatten die Priester besondere Reinheits- und Ehevorschriften zu beachten und mussten frei von Gebrechen sein. Schon bald wurden sie als gesonderter Stand, als die Tempelaristokratie angesehen. Ihren Lebensunterhalt bezogen sie aus einem ihnen zustehenden Teil der Tier- und Speiseopfer, den Erstlingen von Tieren und Früchten des Erntedankopfers und aus dem Lösegeld für Erstgeborene. Schließlich besaßen sie keine eigenen Ländereien, denn sie sollten ja ausschließlich für den Tempeldienst zur Verfügung stehen. Priester befanden sich übrigens auch an der Spitze des Freiheitskampfes der Makkabäer gegen die Seleukiden (167–141 v.d.Z.). Der Hohepriester hatte die religiöse Leitung inne, beaufsichtigte Recht und Gesetzgebung und war politisches Oberhaupt. Die einfachen Priester fungierten dagegen in öffentlichen Institutionen als Richter sowie als Thora-Gelehrte und Lehrer. Zu den herausragenden Tempelpriestern zählten die Sadduzäer, die Nachfahren des Zadok, der von König David als Hohepriester eingesetzt worden war. Für die Sadduzäer spielte der Tempeldienst mit seinen Opfern eine größere Rolle als das Gebet und das Studium, beides intensiv betrieben von den Pharisäern, die eher für die breite Masse als ihre Richter, vor allem aber als ihre Lehrer standen. Nach der Zerstörung des Tempels verloren die Cohanim ihre Hauptaufgabe, aber in Erinnerung daran haben sie auch in der Synagoge heute noch einige Vorrechte wie den ersten Aufruf zur Thora-Lesung, das Sprechen des Priestersegens, und sie müssen bis zum heutigen Tag besondere Reinheitsgebote beachten wie das Verbot, einen Leichnam zu berühren oder einen Friedhof zu betreten, und bei der Ehe, was bedeutet, dass sie keine geschiedene Frau, keine Prostituierte und auch keine zum Judentum übergetretene Frau heiraten können.

Die Katakombe der Bnej-Chesir besitzt eine dorische Fassade auf zwei Säulen. In der schon erwähnten Inschrift in hebräischer Quadratschrift wird sowohl das Grab als auch eine *Nefesch,* eine „Seele" erwähnt. Diese Bezeichnung bezieht sich auf ein Denkmal in Form einer Stele oder Pyramide, die die „Person" des Verstorbenen darstellt. Nördlich des Grabes befindet sich eine zusätzliche Fassade, nicht mehr als eine einfache Tür, die nirgends hinführt. Der Komplex umfasst mehrere unterirdische Kammern. Möglicherweise handelt es sich hier um das erste und älteste jüdische Grab in Jerusalem mit griechischen Architekturelementen.

Das Grab des Sacharja

Links vom Grab der Bnej-Chesir, steht man mit dem Rücken zur Jerusalemer Stadtmauer, liegt das so genannte GRAB DES SACHARJA. Es ist ein monolithischer Block mit ionischen Säulen. Allerdings weist er keine Graböffnung auf. Demnach dürfte es sich hier um einen Keno-

Abb. 48: Das Grab des Sacharja im Kidrontal.

taph handeln, was bedeutet, hier haben wir es hier mit einem Grabmal
für einen anderenorts bestatteten Toten zu tun. Da jedoch ein unterirdischer Gang dieses Grab mit dem der Priesterfamilie der Bnej-Chesir
verbindet – der einigen Gelehrten zufolge allerdings erst später angelegt wurde –, bietet sich eine zweite Interpretation an. Dort wird ja in
der Inschrift eine Nefesch erwähnt. Möglicherweise gehört das Grab
des Sacharja daher als fester Bestandteil, eben als Nefesch, zum Grab
der Bnej-Chesir. Wer genau der Namensgeber für dieses Grabmal ist, lässt sich kaum
mit Bestimmtheit sagen. Aber möglicherweise bezieht sich der Name
auf den schon weiter oben ausführlicher diskutierten Propheten Sacharja.

Das Grab Absaloms

Am bekanntesten von allen drei Gräbern – und auch am besten erhalten – ist das so genannte GRAB ABSALOMS. Es ragt vollkommen freiste-
hend 21 Meter in die Höhe und wurde völlig aus dem Fels herausgear-
beitet. Diesen quadratischen Block gliedern ionische Halbsäulen und
Eckpilaster mit dorischem Fries. Zwei ebenfalls quadratische Aufbauten und der kreisrunde obere Teil mit dem konischen Dach wurden
mit Hausteinen auf das Gesims aufgebaut. Seine Form ist die einer
ägyptischen Hohlkehle. Wir haben es also mit einer eher eklektischen
Ansammlung von Stilen zu tun. Das ist für diese Architekturart ziemlich typisch. Der Bau weist eine schmale Öffnung auf. Sie führt über
sechs Stufen in eine mit Bänken versehene Kammer. Das Grab Absaloms enthält zwei Arkosolgräber.

Der bekannteste Vertreter des Namens Absalom ist König Davids dritter Sohn. Er hatte seinen Halbbruder Amnon getötet, nachdem dieser
sich an seiner Halbschwester Tamar vergangen hatte. Absalom floh,
wurde aber dank der Vermittlung von Davids Feldherrn Joaw zurück-
gerufen. Da er sich als der legitime Erbe von Davids Thron betrachtete,
zettelte er von Hebron aus einen Aufstand gegen David an, der so be-
drohlich war, dass David sogar aus Jerusalem bis an den Jordan floh.
Im Wald Efraim kam es zur Schlacht zwischen den Heeren Davids und
Absaloms, und Absalom wurde schließlich geschlagen. Auf der Flucht
blieb Absalom mit den Haaren fest an einer Eiche hängen, sodass er
zwischen Himmel und Erde schwebte, weil das Maultier unter ihm
weggelaufen war. Er wurde von Joaw erschlagen. Was weiter mit Absa-

Abb. 49: Das Grab Absaloms im Kidrontal.

lom geschah, ist im Zweiten Buch Samuel nachzulesen: „Sie nahmen Absalom und warfen ihn im Wald in eine tiefe Grube und errichteten über ihm einen riesigen Steinhaufen" (ebda. 13–19). Demnach dürfte dieses Grabmal nicht das für Davids aufsässigen Sohn Absalom gewesen sein, wenngleich es seinen Namen trägt.

Alle drei Grabmäler weisen einen klaren hellenistischen Einfluss auf. Anhand des Stils der Architekturelemente, des Dekors und der Epigraphik kann diese Gruppe auf die Zeit um das 3. bis zur Mitte des 1. Jahrhunderts v.d.Z. datiert werden.

DIE GRABKAMMERN

Aus der Zeit zwischen dem 2. Jahrhundert v.d.Z. bis zum 2. Jahrhundert d.Z. haben sich einige interessante Beispiele jüdischer Grabkunst erhalten, die zum Teil die Gräber hochverehrter Personen enthalten. Ja, es kommt durchaus vor, dass der eine oder andere traditionelle Jude hier einhält, um ein Gebet zu sprechen – ob für den Toten oder die Tote oder ob er dabei um deren Vermittlung bei G-tt bittet, sei dahingestellt. Auf jeden Fall wurden Grabkammern in den Fels gehauen, anfangs in Form von Schiebegräbern nur für einen Toten, später dann als richtige Kammern, anfangs nur für eine Familie, später dann für die Toten einer ganzen Gemeinde.

Die Königsgräber

Diese Art von Grabmal hat sich bis in Herodes' Zeit hinein behauptet. Davon zeugen die so genannten „Königsgräber" im Nordwesten von Jerusalem nahe der Stelle, an der die *Salah-ad-Din*-Straße in die *Derech Shechem* nördlich des Damaskustors an der Straße von Jerusalem nach Nablus mündet. Wer hier begraben ist, hat uns Flavius Josephus mitgeteilt, der uns auch eine genaue Beschreibung der Gräber in seinen „Jüdischen Altertümern" hinterließ. Die Grabanlage erreicht man über eine breite Treppe, die in einen quadratischen, aus dem Fels gehauenen Hof mit einer Seitenlänge von 26,50 Metern führt. Dann öffnet sich der Fels zu einer 12 Meter breiten Vorhalle; vom Innern der Vorhalle führt ein schmaler Gang links in die sechs Grabkammern, die früher mit einem Mühlstein verschlossen werden konnten.

Das Innere beherbergte mehrere Sarkophage, von denen einer die Inschrift „Die Königin Saddah" trägt. Saddah war allem Anschein nach der Name der Königin von Adiabene, Mesopotamien, die die Griechen als Helena bezeichneten. Die einzelnen Kammern enthalten Felsbänke, Schiebegräber und Nischen für Sarkophage. Damit sind alle drei Bestattungsarten, wie sie damals üblich waren, vertreten. Der Dekor auch dieser Grabanlage besteht aus Akanthusblättern, Kiefernzapfen und Kränzen. Die Grabanlage stammt aus dem 1. Jh. d.Z. Die gesamte

Abb. 50: Der Vorhof vor den „Königsgräbern". Aufnahme von 2008 während umfassender Renovierungsarbeiten.

Grabanlage wird gegenwärtig gründlich renoviert und ist Besuchern vorläufig nicht zugänglich (seit 2008 voraussichtlich noch einige Jahre).

Von Helena hat man aber nicht nur dieses Grabmal gefunden, sondern auch einen Palast nahe dem heutigen Misttor in der Jerusalemer Stadtmauer südwestlich vom Tempelberg. Die Wände dieses Palastes

bestehen aus riesigen Steinquadern, und sie haben sich bis zu einer
Höhe von fünf Metern, also praktisch zweistöckig erhalten. Der Bau
umfasst mehrere Hallen. Im Gebäude wurden auch ein Ritualbad und
farbige Malereien gefunden. Helena, die Mutter des zweiten Königs
von Adiabene Izates (ca. 36 bis 59/60 d.Z.) trat zusammen mit ihrem
Sohn zum Judentum über. Sie unterstützte den jüdischen Aufstand
gegen die Römer. In jüdischen Schriften wird sie als gerechte und gute
Frau bezeichnet. Die Römer zerstörten ihren Palast.

Abb. 51: Die „Königsgräber", das Grabmal der Helena von Adiabene.
Aufnahme von 1850.

Helena wurde in ihrer Grabanlage in Jerusalem beigesetzt, sollte jedoch dort nicht ihre letzte Ruhe finden. Denn die Sarkophage aus den
Königsgräbern stehen heute im Louvre in Paris. Die Ornamentik dieser Sarkophage umfasst Ränder von Eicheln, Trauben, achtblättrige
Rosetten und Weinblätter sowie Palmen und Lilien. Diese Mischung
hellenistischer Elemente mit orientalischen Blumenmotiven weist die
Sarkophage als das Werk einheimischer Künstler aus.

Die Gräber der Richter, auch: *Sanhedrin Tombs*

Diese Nekropole liegt etwas unterhalb des modernen jüdischen Friedhofs Sanhedria, dort, wo gleich drei Straßen zusammentreffen: der
Golda-Meir-Boulevard, Rechov Sanhedrin und Rechov ha-Nawi. Sie
liegt mitten in einem kleinen Park. Unter seinen schattigen Bäumen
wandert der Besucher von einer Höhe zur anderen. Es sind insgesamt
elf solcher Höhlen. Ihr Eingang liegt unterhalb des Straßenniveaus.
Der Eingang zur Vorhalle ist in den Fels gehauen. Dahinter öffnen sich
die einzelnen Kammern.

Heute ist der Zugang zu diesen Höhlen mit einem Gitter versperrt.
Am besten erhalten ist Grab 14 mit einem offenen, beinahe quadratischen Hof (9,90 x 9,30 m), an dessen Ostseite sich der Eingang in die
Vorhalle und die eigentlichen Grabkammern im Felsinneren öffnen.
Den Hof säumen an drei Seiten Sitzbänke. Ein Giebel, mit einer Akan-
thusranke verziert, bekrönt das große Portal zur Vorhalle. Durch eine
kleine Tür gelangt man von der Vorhalle in die Grabkammern. Darin
sind auf verschiedenen Ebenen Schiebegräber angeordnet. Die Gräber
der Richter waren zwischen 37 v.d.Z. und 70 d.Z. in Gebrauch.

Abb. 52: Die Gräber der Richter. Park mit Grabhöhlen.

Abb. 53: Die Gräber der Richter. Blick in die Vorhalle eines Grabes.

Die Richter sind Gegenstand eines eigenen Buches, dem „Buch der Richter", das das zweite Buch in den Propheten ist. Es waren charismatische Anführer des Volkes, die zwischen dem Tod Josuas und der Einführung des Königtums wirkten, als es noch keine Zentralgewalt für die Israeliten gab und sie daher durch Zersplitterung und Uneinigkeit wehrlos den Raubzügen und der Unterdrückung durch fremde Völker preisgegeben waren. Jeder Richter herrschte nur eine begrenzte Zeit, und keiner von ihnen konnte ein Bündnis sämtlicher Stämme Israels herbeiführen. Abgesehen von Debora (Ri. 4,4–5) waren sie auch nicht Richter im juristischen Sinn des Wortes, sondern vielmehr Heeresführer, die die einzelnen Stämme bei militärischen Unternehmungen gegen Israels Feinde anführten.

Auf Englisch heißt dieser Grabkomplex *Sanhedrin Tombs* und verweist damit auf eine weitere Instanz, den SANHEDRIN, die höchste politische, religiöse und juristische Instanz der Juden zur römischen Zeit (nach 63 v.d.Z.). Der Name leitet sich aus dem Griechischen ab und wurde nur in der römischen Zeit gebraucht. Aber die Institution selbst reicht bis in die persische Zeit (nach 538 v.d.Z.) zurück. Damals wurde sie als *Gerusia*, „Rat der Ältesten", bezeichnet.

Die Tradition verbindet die 71 Mitglieder des Sanhedrins mit den 70 Ältesten, die zusammen mit Moses das Volk durch die Wüste und ins Verheißene Land führten (4. Moses 11,16). Der Sanhedrin trat in der „Halle der Quadersteine" im Tempel von Jerusalem zusammen. Er traf sich niemals nachts, ebenso wenig wie am Schabbath, an den jüdischen Feiertagen oder am Vorabend von Schabbath oder Feiertagen.

Ob die Mitglieder des Sanhedrins nun in dieser Grabanlage begraben wurden oder nicht, mit ihren von Säulen gestützten Portalen und dem Giebel mit Blattmotiven gehören sie neben den Gräbern der Könige sicher zu den prächtigeren, die in Jerusalem um die Zeitwende die Honoratioren der Jerusalemer Gesellschaft aufnahmen.

Das Grab der Familie des Herodes

Steht der Besucher vor dem bekannten King-David-Hotel, braucht er nicht lange zu suchen, um rechts davon die Rechov Elimelech Admoni zu finden. Geht er die kurze Strecke bis zu ihrem Ende, trifft er auf ihrer linken Seite auf die in Stein gemeißelte Inschrift, die auf das

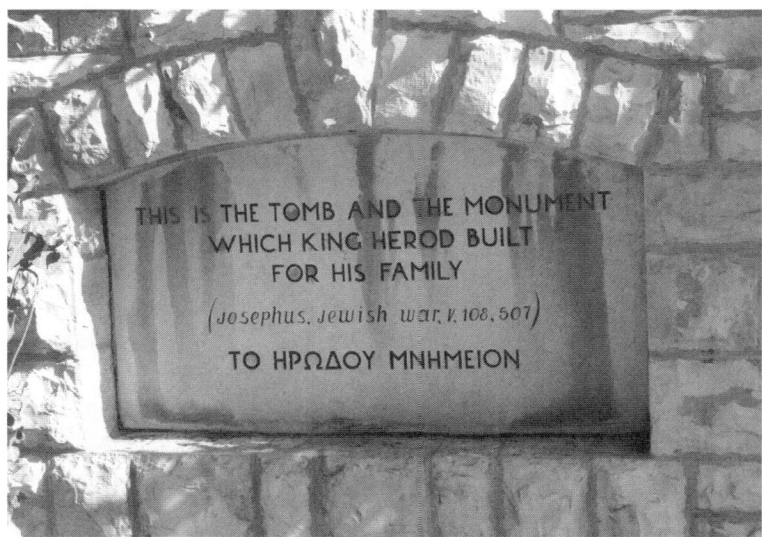

Abb. 54: Wegweiser zum Grab der Familie des Herodes.
Rechov Elimelech Admoni.

Herodes-Grab bzw. auf das Grab der Familie des Herodes hinweist.
Betritt er dann den Park, der sich hinter dem King-David-Hotel er-
streckt, steht er unvermittelt vor dem kurz zuvor angekündigten Grab
der Familie des Herodes.

Abb. 55: Das Grab der Familie des Herodes. Eingang mit rundem Stein.

Beim Anblick des Zugangs fühlt sich der Besucher unvermittelt in eine
Zeit von vor 2000 Jahren versetzt. Wie schon bei den anderen Grabkammern liegt auch der Eingang dieser Grabanlage unterhalb des Straßenniveaus. Deshalb führen Stufen hinunter zu seinem Eingang. Nicht
rechteckig wie die Eingangsöffnungen zu den Gräbern der Richter ist
er, dieser Eingang, vielmehr besteht er aus mindestens drei Teilen, die
einen Bogen bilden, sodass sie sich der Rundung des großen Steins
dahinter anpassen, der nicht zu übersehen ist und zum Verschließen
der Kammern diente, die hinter der Vorhalle der Grabhöhle liegen.
Dieser Zugang zu den Kammern ist schmal, und der Stein, der, wie
schon erwähnt, immer noch zu sehen ist, hat einen Durchmesser von
1,30 Metern.

Und in der Tat verbirgt sich dahinter ein weiteres großes Kammer-
grab. Früher bezeichnete man diese Anlage irrtümlich als das „Grab des

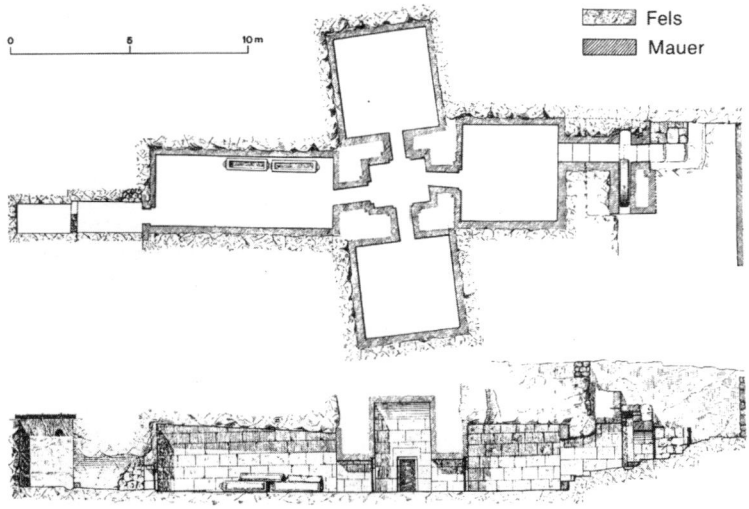

Abb. 56: Das Grab der Familie des Herodes. Grundriss und Querschnitt.

Herodes". Allerdings wurde weder an den Wänden noch an den beiden in den Grabkammern gefundenen Sarkophagen eine Inschrift gefunden, die auf Herodes hinweist. Und das entspricht durchaus den Fakten, denn schon Flavius Josephus berichtet, Herodes sei in seiner Festung Herodion beerdigt worden – und dort hat man inzwischen eine Grabanlage gefunden, die tatsächlich Herodes zugeschrieben wird.

Die Grabanlage besteht aus vier, nach den vier Himmelsrichtungen ausgerichteten Kammern. Sie sind entlang den Seiten eines rechteckigen Raumes angeordnet. Beim näheren Betrachten fällt sogleich die sorgfältige Bearbeitung der Kammern ins Auge. Denn nachdem sie aus dem Fels gemeißelt worden waren, wurden die Wände säuberlich mit gemeißelten Quadern ausgekleidet. In den Kammern fand man zwei Sarkophage. Die Anlage dürfte aus dem 1. Jh. v.d.Z. stammen.

Diese Grabanlage heißt heute denn auch richtiger die „Gräber der Familie des Herodes". Sie enthielt vermutlich die sterblichen Überreste der von Herodes ermordeten Familienmitglieder, möglicherweise sogar die der letzten Hasmonäerprinzessin Mirjam. Dass man sich noch heute an diese unglückliche Frau erinnert, ist Friedrich Hebbel (1813–1863) zu verdanken, der sie in seinem Trauerspiel „Herodes und Mariamne" unsterblich gemacht hat.

Das Davidsgrab

Gemäß 1. Könige 2,10 wurde König David in der Davidstadt begraben. Das Grab, oder besser, der Kenotaph, der sich in einem Raum unterhalb des als *Coenaculum,* „Raum des Abendmahls", in einem Gebäudekomplex südöstlich der Dormitions-Abtei auf dem Zionsberg befindet, wurde 1173 von dem spanischen Reisenden Benjamin von Tudela als Davidsgrab identifiziert und wird seither als solches von Juden verehrt.

Ein gewirktes, kostbares Tuch verhüllt den Kenotaph, auf dem Beter Thora-Rollen in verschiedenen Größen abgestellt haben. Beinahe bis zum Ende des 19. Jahrhunderts war Juden der Zutritt zum Davidsgrab übrigens untersagt, hatten doch die Muslime 1291 die dort stehende Kreuzfahrerkirche zerstört und hier ein rein muslimisches Viertel gegründet.

Abb. 57: Das Davidsgrab. Außenansicht. Aufnahme von 2008.

Abb. 58: Das Davidsgrab. Blick auf den Kenotaph im Inneren.

Anfangs war der gesamte Kenotaph zu besichtigen. Inzwischen hat sich jedoch der Brauch eingebürgert, an König Davids Grab zu beten. Und beten müssen nach orthodoxem Brauch Männer getrennt von den Frauen. Deshalb kann eine Frau, will sie Davids Grab fotografieren, immer nur den für Frauen zugänglichen Teil seines Kenotaphs aufnehmen. Dasselbe gilt natürlich umgekehrt auch für einen männlichen Fotografen, der sich dann eben mit der Männern vorbehaltenen Hälfte des Grabes begnügen muss. Die hier gezeigte Abbildung ist also älteren Datums, zeigt sie doch den Kenotaph noch in seiner gesamten Länge.

Zwei Höhlen: Die Jeremia-Grotte und die Zedekia-Höhle

Kein Grab, aber eine weitere in den Fels gehauene Höhle, die eine besondere Erwähnung verdient, weil sie in der Geschichte des Volkes Israel noch vor der Zerstörung des Ersten Tempels eine Rolle spielte, ist die JEREMIA-GROTTE. Sie erinnert daran, welch ein gefährliches Leben Propheten in biblischer Zeit führten, denn sie waren keine bequemen Zeitgenossen. Als die Babylonier vor den Toren Jerusalems standen, erklärte Jeremia dem Volk G-ttes Willen: Jeder solle Jerusalem verlassen, denn wer in der Stadt bleibe, würde durch Schwert, Hunger und Pest sterben. Bei den Chaldäern, d.h. den Babyloniern, werde er dagegen überleben (Jer. 38,2). Derartige Worte gefielen den Beamten des Königs natürlich nicht. Denn was der Prophet verkündete, war im Grunde genommen Hochverrat. Daher forderten sie seinen Tod. Zedekia, der König, überließ Jeremia ihnen, und sie ergriffen ihn und warfen ihn in eine Zisterne im Hof. Zu Jeremias Glück enthielt sie jedoch kein Wasser, sondern nur Schlamm, und Jeremia versank halb im Schlamm (ebda., 4–6). Ein Kuschiter, der im königlichen Palast arbeitete, hatte Mitleid mit Jeremia, ging zum König und überredete ihn, den Propheten wieder aus der Zisterne herauszuholen, und so geschah es.

Abb. 59: Die Jeremia-Grotte. Außenansicht.

Auch die Araber haben Jeremia als einen ihrer Propheten anerkannt. Deshalb erstaunt es nicht, dass heute eine kleine Moschee den Ort kennzeichnet, an dem ihrer Ansicht nach König Zedekia dank des Drängens seiner Beamten, zu denen auch Gedalja, der Sohn Paschhurs, und Juchal, der Sohn Schelemjas – von beiden hat man bei Ausgrabungen in der Davidstadt Siegel gefunden – gehörten, den Propheten in die Zisterne warf (Jer. 38,6).

Abb. 60: Die Zedekia-Höhle. Der Zugang.

Auf der anderen Straßenseite befindet sich unterhalb der Stadtmauer der Eingang zu einer großen, labyrinthischen Grotte. Entdeckt wurde sie durch einen Zufall von dem amerikanischen Bibelgelehrten Dr. James Turner Barclay (1807–1874), dessen Hund bei einem Spaziergang an der Stadtmauer in einer Höhle verschwunden war. Am Tag darauf brach Dr. Barclay mit zwei Bekannten auf und erforschte die Höhle. Schon damals stellte er fest, dass es keine natürliche Höhle war, sondern ein vom Menschen geschaffener Steinbruch sein musste.

Der Eingang zur Höhle befindet sich auf dem gewachsenen Fels, der das Fundament für die Mauer der Altstadt abgibt. Es geht in südlicher Richtung in die Höhle hinein, direkt unter die Altstadt. Rechts und links vom heute gut ausgeleuchteten Weg tauchen aus dem Dunkel Felsstützen auf, die die Decke tragen. Die Länge der Höhle wird auf ungefähr 230 Meter geschätzt, und sie ist etwas über 100 Meter breit. Sie nimmt eine Fläche von 9000 Quadratmetern ein, und sie ist durchschnittlich so hoch wie ein vierstöckiges Gebäude, also ungefähr 15 Meter. Die Felsdecke über der Decke hat bis zum Beginn der Häuser in der Altstadt eine Stärke von zehn Metern.

Diese Höhle diente seit der Antike als Steinbruch. Der Stein, der hier abgebaut wurde, ist ein dichter, aber dennoch weicher Kalkstein. Er konnte ohne größere Probleme selbst in großen Blöcken aus dem Fels geschlagen werden, sodass man Steine in genau der richtigen Größe erhielt. Anfangs sieht dieser Stein glänzend weiß aus. In der Sonne wird er leicht grau und ähnelt italienischem Marmor. Außerdem wird dieser Stein im Laufe der Zeit immer härter. Mit diesem Kalkstein wurden zahllose Bauwerke in Jerusalem errichtet. Da der Steinbruch so nahe beim Tempelberg lag, dürften Steine für die Bauten darauf verwendet worden sein. Schließlich hatte er den Vorteil, in unmittelbarer Nähe zur Baustelle zu liegen, sodass sich lange Transportwege erübrigten. Das machte Zedekias Höhle zum bedeutendsten Steinbruch Jerusalems in der Antike.

Abb. 61: Die Zedekia-Höhle, ein alter Steinbruch.

Nach ihrer Wiederentdeckung bezeichneten britische Gelehrte von der *British Survey Foundation,* die nach Jerusalem kamen, die Höhle als König Salomos Steinbruch. In der Zeit vor der Staatsgründung erhielt der Steinbruch dagegen seinen heutigen Namen: Zedekias Höhle. Dieser Name bezieht sich auf den letzten judäischen König und seine

Flucht aus Jerusalem, das von den Chaldäern / Babyloniern belagert wurde. Angeblich führt die Höhle bis nach Jericho. Dorthin floh Zedekia, wurde aber von den Chaldäern verfolgt und gefangen genommen. Am südlichen Ende der Höhle tropft Wasser durch den Fels, sodass sich dort ein kleiner Teich gebildet hat. Im Volksmund wird er als Zedekias Tränen bezeichnet – wegen der Tränen, die dieser unglückliche Monarch vergoss, als er der Hinrichtung seiner Söhne zuschauen musste, bevor er selbst geblendet wurde. Für die Freimaurer gilt die Höhle, genau wie für die britischen Gelehrten, als König Salomos Steinbruch.

Gemäß der Legende soll der Steinbruch schon seit der Zeit des Ersten Tempels in Gebrauch gewesen sein. Sicher bezog Herodes seine Steine, als er den zweiten Tempel aufwändig renovierte und erweiterte, aus Zedekias Höhle. Vermutlich als Süleiman der Prächtige die neue Stadtmauer rund um Jerusalem errichtete (1535–1538), wurde der Zugang zur Höhle vermauert, weil Süleiman befürchtete, Feinde könnten durch die Höhle in die Stadt eindringen. Zum nachweislich letzten Mal wurden Steine aus dem Steinbruch im Jahr 1904 für den Bau des Uhrenturms über dem Jaffa-Tor verwendet. Diesen Turm rissen die Behörden zur britischen Mandatszeit wieder ab.

Nach ihrer Wiederentdeckung 1854 wurde Zedekias Höhle Gegenstand waghalsiger Expeditionen, bis die osmanischen Behörden die Höhle schlossen um zu verhindern, dass sich – wie schon unter Süleiman dem Prächtigen – Feinde des Osmanischen Reiches darin versteckten. Zur britischen Mandatszeit, 1920 bis 1948, wurde die Höhle für die breite Öffentlichkeit geöffnet, im Krieg diente sie sogar als Schutz vor deutschen und italienischen Bombenangriffen. Während der Herrschaft der Jordanier, 1948 bis 1967, war die Höhle erneut geschlossen. Nach dem für Israel siegreichen Sechstage-Krieg 1967 beschloss die Stadt Jerusalem, die Höhle für Besucher zu öffnen. Strom wurde installiert, und die Wege in der Höhle wurden begradigt und an gefährlichen Wegstrecken mit Geländern gesichert. Heute kann jeder Besucher ungestört diese Höhle auf klar gekennzeichneten Wegen beschreiten. Ob er dabei nach Jericho gelangt, ist zweifelhaft. Schon im 19. Jahrhundert waren mehrere Forscher in die Höhle eingedrungen, zwei von ihnen kehrten nie zurück, noch sah man sie in Jericho.

DER JÜDISCHE FRIEDHOF
AUF DEM HERZL-BERG

Am 17. August 1949 werden Theodor Herzls (1860–1904) sterbliche Überreste nach Jerusalem überführt und am Nordhang des Herzl-Bergs beigesetzt. Er war allerdings bereits 1904 gestorben, hatte sich aber in seinem Testament die Überführung nach Eretz Israel gewünscht – ebenso wie die der sterblichen Überreste seines Vaters, seiner Schwester Pauline und jeglicher naher Verwandter. Gemäß seinem Wunsch wurden seine Eltern und Schwester auf dem Herzl-Berg begraben. Die sterblichen Überreste seines Sohns und einer Tochter überführte man 2006 nach Israel. Eine zweite Tochter wurde in der *Schoa* ermordet, ihr Grab ist unbekannt. Herzls einziger Enkel wurde im Dezember 2007 ebenfalls auf dem Herzl-Berg beigesetzt.

Herzls Grab liegt auf dem Gipfel der Bergkette, die auf das Judäische Bergland auf der einen Seite und auf das alte und neue Jerusalem auf der anderen blickt. Sein Grabstein ist aus schwarzem Marmor und trägt als einziges die vier hebräischen Buchstaben seines Nachnamens. Jedes Jahr findet am 20. *Tammus,* dem hebräischen Datum seines Todes, eine offizielle Zeremonie zu seinem Andenken statt.

Herzl gilt als der Vater des jüdischen Staates. Unter dem Eindruck des Dreyfuss-Prozesses gelangt Herzl zu der Überzeugung, dass die Juden eine Nation seien und sie nur in einem eigenen Staat die nötige Sicherheit fänden. Zu diesem Zweck beruft er 1897 den Ersten Zionistischen Weltkongress in Basel ein. 1902 beschreibt Herzl in seinem Buch *Altneuland,* wie er sich einen jüdischen Staat vorstellt. Diese Ideen sollten dann tatsächlich verwirklicht werden – leider erst im Jahr 1948, nachdem sechs Millionen Juden in Europa ermordet worden waren.

Bereits im Sommer 1949 wird beschlossen, einen Friedhof für wichtige Personen des öffentlichen Lebens und für im Dienst gefallene Soldaten der Israelischen Verteidigungskräfte einzurichten.

Der Herzl-Berg ist die letzte Ruhestätte für drei von Israels Ministerpräsidenten. Der erste ist LEVI ESHKOL. Wie so viele seiner Generation stammt er aus Osteuropa, genauer, er wird in der Ukraine geboren und kommt schon früh ins damalige Eretz Israel, in das „Land Israel". Er gehört zu den Mitbegründern der *Histadruth,* dem Dachverband

Abb. 62: Herzl-Berg. Das Grab Theodor Herzls. 1949.

israelischer Gewerkschaften, im Jahr 1920, ist Mitglied der ersten De-
legiertenversammlung des *Jischuw,* der jüdischen Gemeinschaft im
Land Israel, und ab 1930 in der Verwaltung der *Mapai,* der Arbeiterpartei. Er wird nach Berlin geschickt, um während der ersten Jahre des
Dritten Reiches die Immigration deutscher Juden zu organisieren.
Ende der 1930er Jahre ist er Leiter der Finanzverwaltung im Ober-
kommando der *Haganna,* der Vorläuferin der israelischen Verteidi-

gungskräfte vor der Staatsgründung. Nach der Gründung des Staates ist er Generaldirektor des Verteidigungsministeriums und spielt eine Schlüsselrolle beim Aufbau der israelischen Waffenindustrie. 1963 tritt Eshkol Ben-Gurions Nachfolge als Ministerpräsident und Verteidigungsminister an. Während seiner Regierungszeit nimmt Israel diplomatische Beziehungen zur Bundesrepublik Deutschland auf (1965). Unter dem starken innenpolitischen Druck vor dem Sechstage-Krieg im Juni 1967 bildet er eine „Koalition der nationalen Einheit", die Moshe Dayan zum Verteidigungsminister ernennt. Im Februar 1969 stirbt Levi Eschkol in Jerusalem und wird, wie o.a., auf dem Herzl-Berg begraben.

Ministerpräsident Levi Eshkol setzt übrigens durch, dass ZE'EV JA-BOTINSKY, der Gründer der Haganna (1920), später der Jugendorganisation *Bethar* (1923) und schließlich der Revisionistischen Partei (1925), 1964, also 24 Jahre nach seinem Tod im Jahr 1940, ebenfalls auf dem Herzl-Berg beigesetzt wird. Denn viele in der Arbeiterpartei lehnen eine solche Ehre für den in ihren Augen ultrarechten Nationalisten ab. Eshkol entschließt sich dennoch im Namen der nationalen Aussöhnung ausdrücklich zu diesem Schritt.

Abb. 63: Herzl-Berg. Golda Meirs Grab. 1978.

Eshkols Nachfolgerin im Amt des Ministerpräsidenten ist GOLDA MEIR. Sie wird 1898 in Kiew in der Ukraine geboren, wandert mit ihren Eltern 1906 in die Vereinigten Staaten aus und trifft 1921 mit ihrem Mann im Land Israel ein. Ihr gesamtes Leben steht im Dienst des Landes. Sie wird nicht nur Leiterin der *Jewish Agency,* sondern bekleidet später das Amt einer Ministerin für Arbeit, danach wird sie Außenministerin und schließlich, nach Eshkols Tod im Februar 1969, Ministerpräsidentin. Genau wie ihr Vorgänger Eshkol führt sie ihr Land in den Krieg, den *Jom-Kippur-*Krieg im Jahr 1973, der weitaus länger dauert als Eshkols Sechstage-Krieg und bei dem es anfangs so aussieht, als stehe das Land kurz vor seiner Auslöschung. Am Ende geht der Krieg siegreich für Israel aus: Die dritte ägyptische Armee ist eingekreist, und Israel hat einen Brückenkopf auf der ägyptischen Seite des Suezkanals eingerichtet. Dank seiner Anfangssiege ist aber auch Anwar Sadat, der ägyptische Präsident, der Meinung, sein Land sei aus diesem Krieg als Sieger hervorgegangen. Nur deshalb kann er es sich erlauben, 1977 Frieden mit Israel zu schließen. Bei seinem historischen Besuch in Jerusalem treffen sich die beiden, Meir und Sadat, und reichen sich die Hand. Schon vorher, 1974, hatte Golda Meir auf ihren Sitz in der *Knesseth,* dem israelischen Parlament, verzichtet und sich ins Privatleben zurückgezogen. Zu ihrem Begräbnis im Dezember 1978 kommen Staatsoberhäupter und Präsidenten aus der ganzen Welt nach Jerusalem auf den Herzl-Berg.

YITZHAK RABIN, 1922 in Jerusalem geboren, ist der erste *Sabra,* also jemand, der im Land geboren wurde, der das Amt des Ministerpräsidenten bekleidet. Er ist hauptsächlich ein Mann des Militärs und befehligt im Sechstage-Krieg die Israelischen Verteidigungskräfte als Generalstabschef. Ein Jahr später verlässt er die Armee und wird zu Israels Botschafter in den Vereinigten Staaten ernannt. Danach folgt er Golda Meir ins Amt des Ministerpräsidenten, als sie 1974 zurücktritt. In seine Amtszeit fällt die spektakuläre Befreiung der 103 israelischen Geiseln 1976 in Entebbe, Uganda. Wegen eines illegalen Auslandskontos seiner Frau Lea muss Rabin 1977 zurücktreten. 1984 bietet man ihm das Amt des Verteidigungsministers an, und 1992 wird er erneut Ministerpräsident. 1993 unterzeichnet er mit Jassir Arafat das erste Abkommen, und er, Arafat und Shime'on Peres erhalten 1994 den Friedens-Nobelpreis. Noch im gleichen Jahr unterzeichnet er auch einen Friedensvertrag mit Jordaniens König Hussein und im Jahr darauf ein zweites Abkommen mit den Palästinensern. Das rechte Lager in Israel führt eine heftige Kampagne gegen Rabin wegen seiner Friedenspolitik, und schließlich wird er am 4. November 1995 von einem rechten jüdischen Extremisten erschossen. Der Platz *Malkej-Jisrael,* „der Köni-

Abb. 64: Herzl-Berg. Das Grab Yitzhak Rabins (rechts)
und seiner Frau Lea (links). 1995.

ge Israels", auf dem das geschieht – am Ende einer Demonstration für
den Frieden –, wurde in „Yitzhak-Rabin-Platz" umbenannt. Yitzhak
Rabin wird auf dem Herzl-Berg begraben. Seine Frau Lea findet später
neben ihm ihre letzte Ruhe.

Auf dem Herzl-Berg am Nordhang liegt auch der Militärfriedhof. Er
ist vor allem für Soldaten bestimmt, die im Gebiet von Jerusalem
wohnten und im Dienst der Israelischen Verteidigungskräfte starben.

In diesem Bereich befindet sich auch das Denkmal für die INS-Dakar.
1965 erwarb die israelische Marine insgesamt drei U-Boote von der
britischen Marine. Am 9. Januar 1968 lief die *Dakar,* auf Deutsch
„Schwertfisch", aus dem Hafen von Portsmouth, England, in Richtung
ihres zukünftigen Heimathafens Haifa in Israel aus. An Bord war eine
69köpfige Mannschaft, das Kommando führte Leutnant Ya'akov
Ra'anan. Am 25. Januar 1968 gab die Dakar zum letzten Mal ihre Po-
sition an. Dann verschwand sie spurlos und wurde nie wieder gesich-
tet. Die israelische und die amerikanische Marine sowie andere Schiffe

nahmen die Suche auf. Sie wurde im Februar ergebnislos abgebrochen. Bis zum heutigen Tag bleibt das Verschwinden bzw. der Untergang der Dakar ein Rätsel. 1999 entdeckte die Nauticus Inc. die Dakar 500 Kilometer westlich von Haifa. Man barg die Brücke der Dakar und restaurierte sie. Sie kann seit 2003 vor dem Marine-Museum in Haifa besichtigt werden.

Abb. 65: Das Denkmal für die Besatzung der INS-Dakar.
Militärfriedhof auf dem Herzl-Berg. 1968.

Einen Ehrenplatz auf dem Militärfriedhof auf dem Herzl-Berg nimmt das Grab von YONATAN NETANYAHU ein. Im Zusammenhang mit Yitzhak Rabin wurde bereits die Geiselbefreiung in Entebbe, Uganda, angesprochen. Yonatan Netanyhu war der Mann, der für die praktische Durchführung verantwortlich war. Er beteiligte sich maßgeblich an der Planung der Rettung der 103 israelischen Geiseln, die sich in einer von deutschen und arabischen Terroristen entführten Air-France-Maschine befanden. Das Kommando musste 12 Stunden unterhalb des Radars fliegen, landete, rettete die Geiseln und war 90 Minuten später wieder in der Luft. Während der Rettungsaktion wurde Netanyahu von einem Scharfschützen im Flughafenturm in den Rücken geschos-

Abb. 66: Das Denkmal für die Besatzung der INS-Dakar.
Die Tafeln mit den Namen. 1968.

sen. Yonatan Netanyahu war der ältere Bruder des späteren israelischen Ministerpräsidenten Benjamin Netanyahu.

An der Südseite des Herzl-Bergs liegt die Gedenkstätte *Yad va-Shem,* die Gedenkhalle sowie das Archiv der Massenvernichtungen. Am Westhang dieses Gedenkbergs befindet sich der Jerusalemer Wald.

ZUSAMMENFASSUNG

Mit diesem Blick auf den Herzl-Berg geht der Rundgang zu den Juden heiligen Stätten in Jerusalem zu Ende. Er begann vor dreitausend Jahren mit dem Bau des Ersten Tempels durch König Salomo, ging weiter mit der Errichtung des Zweiten Tempels und seiner Erneuerung durch Herodes. Beide Tempel nehmen einen zentralen Platz in dieser Darstellung ein. Es galt, ins Gedächtnis zu rufen, was den Juden mit der Zerstörung des Tempels verloren ging. Denn dieses traumatische Ereignis im Leben des jüdischen Volkes steht am Anfang des ihm aufgezwungenen Exils.

Als die Römer im Zweiten Jüdischen Krieg endgültig alles Streben nach jüdischer Unabhängigkeit ersticken und die Juden sogar aus ihrer Hauptstadt verbannen, ist es mit dem Synagogenbau dort scheinbar ebenfalls endgültig vorbei. Aber die Juden bleiben ihrer Hauptstadt treu. Wann immer die äußeren Umstände es erlauben, kehren sie nach Hause und zurück in ihre Stadt und bauen wieder ihre Synagogen auf. Auch als der Befehlshaber der jordanischen Arabischen Liga im Unabhängigkeitskrieg 1948 meint, er hätte die jüdischen Bewohner Jerusalems endgültig vertrieben, irrt er sich. 1967 kehren sie erneut zurück und beginnen mit dem systematischen Wiederaufbau ihrer Synagogen.

Natürlich ist weder die Liste der vorgestellten Synagogen noch der besonderen Grabstätten auch nur annähernd erschöpfend behandelt worden. Das war auch nicht die Absicht der Verfasserin. Vielmehr sollte anhand von als beispielhaft verstandenen Stätten greifbar vor Augen geführt werden, welche Rolle die Stadt Jerusalem im jüdischen Denken spielt; wie wichtig es Juden ist, wieder und immer wieder in diese Stadt zurückzukehren, gleichgültig, wie oft man sie daraus vertrieben haben mochte. Nicht umsonst heißt es in der Hebräischen Bibel: „Sollt ich dich vergessen, Yeruschalayim …", nicht umsonst erwähnt dieselbe Hebräische Bibel den Namen Jerusalems Hunderte von Malen als das geistige, historische und unzerstörbare Zentrum jüdischen Lebens, jüdischer Religion und jüdischen Denkens.

Anhänge

ZEITTAFEL JÜDISCHES JERUSALEM

vor der Zeitrechnung:

um 1870	Abraham vor Schalem; Begrüßung durch seinen König Melchi-Zedek mit Brot und Wein
um 997	Einnahme Jerusalems durch David; Aufstieg zur Hauptstadt der Vereinten Monarchie
um 928	Bau des Tempels in Jerusalem durch Salomo
926	Tod Salomos; unter seinem Sohn und Nachfolger Rehabeam (926–910) Spaltung der Monarchie in die Königreiche Israel im Norden und Juda im Süden
um 925	Ramses' II. Feldzug und Raub des Tempelschatzes
um 701	Hiskias Bau eines Tunnels von der Gichon-Quelle zum Siloam-Teich in Jerusalem zur Sicherung der Wasserversorgung der Stadt; Sanheribs von Assyrien Belagerung von Jerusalem nach Belagerung und Einnahme von Lachisch; Rettung Jerusalems dank plötzlichem Rückzug der Babylonier
598	Belagerung und Übergabe Jerusalems an den Babylonier Nebukadnezar II. (605–562) durch Jojachin; Deportation des Königs und führender Mitglieder seines Hofes und Heeres sowie von Handwerkern nach Babylon; Einsetzung von Josias drittem Sohn Zedekia (597–586) zum König
587/6	Aufstand Zedekias gegen Babylon; Belagerung Jerusalems; Einnahme der Stadt und Zerstörung von Stadt und Tempel durch Nebukadnezar II.; Deportation Zedekias und der judäischen Oberschicht nach Babylon

538–332	**Juda persische Provinz Jehud**

538	Edikt Kyros' II. des Großen (Persien, 559–530) mit Erlaubnis einer Rückkehr der Judäer aus dem Babylonischen Exil nach Jerusalem
um 523	Serubbabel, Statthalter der persischen Provinz Jehud; Wiederaufbau des Tempels in Jerusalem
515	Beendigung des Wiederaufbaus des Zweiten Tempels und feierliche Einweihung
um 458	Ankunft Esras in Jerusalem; Reformen und Verbot der Mischehen
um 445–425	Ankunft Nehemias in Jerusalem als Statthalter der persischen Provinz Jehud; Wiederaufbau der Stadtmauern von Jerusalem, Reformen und Verbot der Mischehen

332	Eroberung Judas durch Alexander den Großen
323–198	**Juda unter der Herrschaft der ägyptischen Ptolemäer, weitgehende Autonomie**
198–167	**forcierte Hellenisierung der Bewohner Judas durch Seleukiden**
167–165	Kampf um Jerusalem
165	erneute Einweihung des Tempels in Jerusalem
141–37	Jerusalem und Juda unter der Herrschaft der Hasmonäer

63 v.–324 d.Z. Römische Zeit

63	Besetzung Judas durch Pompejus
37–4	Herodes der Große
ab 20	Umbau und Erweiterung des Zweiten Tempels

nach der Zeitrechung:

66–70	Erster Jüdischer Krieg gegen Rom; Belagerung Jerusalems durch die Römer
70	Einnahme Jerusalems, Zerstörung von Stadt und Tempel durch Kaiser Titus
132–135	Zweiter Jüdischer Krieg, auch Bar-Kochba-Aufstand genannt, gegen Rom
135	Niederschlagung des Aufstands und Einnahme Jerusalems durch Hadrian; Umbenennung Jerusalems in *Aelia Capitolina* und Judäas in *Provincia Syria palaestina;* Verbot für Beschnittene, die Stadt zu betreten

324–614	**Byzantinische Zeit**
nach 324	Juden Zugang nach Jerusalem nur am 9. Aw gestattet
614–636	**PERSISCHE ZEIT;** Juden Wohnen in Jerusalem gestattet
639–1099	**ARABISCHE ZEIT;** Juden Aufenthalt in Jerusalem in begrenzter Zahl erlaubt
1099–1187	**Kreuzfahrer in Jerusalem** (im Heiligen Land bis 1291). Keine Juden in Jerusalem zugelassen
1187	Einnahme Jerusalems durch Saladin; Ende der Kreuzfahrerherrschaft
1210	Welle jüdischer Einwanderer aus Frankreich und England
1244	Einfall der Turkmenen in Jerusalem. Zerstörung aller nichtmuslimischen Schreine. Flucht der Juden nach *Schchem,* d.h. Nablus
1267	Ankunft des Ramban in Jerusalem und Eröffnung seiner ersten Synagoge in der Stadt

1291–1516	**Herrschaft der Mameluken**
nach 1291	Kaum Juden in der Stadt geduldet
1516–1917	**Herrschaft der Osmanen**
nach 1516	Juden als Bürgern zweiter Klasse Wohnen in Jerusalem, mit Unterbrechungen, gestattet
irgendwann im 15. Jh.	Auf Befehl der osmanischen Behörden Umzug der Ramban-Synagoge in ein neues Gebäude
1537	Befehl des Osmanensultans Süleiman des Prächtigen zum Bau neuer Mauern um Jerusalem
1589	Beschlagnahmung der Ramban-Synagoge durch die muslimischen Behörden und ihre Umwandlung in eine Werkstatt
vor 1610	Bau der sefardischen Elijahu ha-Nawi-Synagoge in der Altstadt von Jerusalem
1610	Bau der sefardischen Jochanan-Ben-Sakkai-Synagoge direkt neben der Elijahu ha-Nawi-Synagoge
1700	Baubeginn der aschkenasischen Churva-Synagoge in der Altstadt von Jerusalem
1720	Baustopp für die Churva-Synagoge
1721	Brandschatzung der Churva-Synagoge durch die arabischen Geldgeber
1764	Bau der Istanbuli-Synagoge neben den beiden schon existierenden sefardischen Synagogen, Elijahu ha-Nawi und Jochanan-Ben-Sakkai
Ende 17. Jh.	Bau der Emza'i-Synagoge direkt neben der Jochanan-Ben-Sakkai-Synagoge, der sie anfangs als Frauenempore dient
1720–1816	Verbot für aschkenasische Juden, in Jerusalem zu wohnen
1835	Erlaubnis der osmanischen Behörden zur Renovierung der vier sefardischen Synagogen
ab 1840	Zuzug von Juden aus Nordafrika, den östlichen Provinzen des Osmanischen Reiches sowie aus Osteuropa nach Jerusalem
1857	Bau der Windmühle außerhalb der Stadtmauern durch Sir Moses Montefiore
1860	Bau des ersten neuen jüdischen Viertels, *Mischkenot Scha'ananim* („Wohnungen der Ruhe"), außerhalb der Stadtmauern
1869	Bevölkerung Jerusalems: 25 000 Einwohner, über die Hälfte davon Juden
1870	Einweihung der aschkenasischen Churva-Synagoge in der Altstadt von Jerusalem

1872	Einweihung der chassidischen Tif'eret-Israel-Synagoge in der Altstadt von Jerusalem
1874	Bau des neuen jüdischen Viertels *Mea Schearim* außerhalb der Stadtmauern Jerusalems
1912	Bevölkerung Jerusalems: 70 000 Einwohner, davon 45 000 Juden

1917–1948   **Britische Mandatsherrschaft**

1920er Jahre	Bau der neuen jüdischen Stadtviertel Rechavia, Bajit ve-Gan, Beth ha-Kerem, Kirjat Mosche, Giv'at Scha'ul, Romema, Mekor Baruch, Ge'ula und Sanhedria
1929	Ausbruch der vom Mufti von Jerusalem, Amin al-Husseini, angezettelten arabischen Aufruhren; viele Tote
1935	Einweihung der aschkenasischen Jeschurun-Synagoge in West-Jerusalem
Anfang 1948	schwere arabische Anschläge mithilfe von mit Sprengstoff beladenen Wagen in den jüdischen Stadtvierteln; viele Tote
26. März 1948	Beginn der Belagerung des jüdischen Viertels in der Jerusalemer Altstadt
April 1948	Überfall auf Konvoi von jüdischen Ärzten und Krankenschwestern auf dem Weg zum Hadassah-Krankenhaus auf dem Skopus-Berg; 78 Ermordete

14. Mai 1948   **Ausrufung und Gründung des unabhängigen Staates Israel**

15. Mai 1948	Überfall von 5 arabischen Heeren auf den neuen Staat Israel

28. Mai 1948	Kapitulationsabkommen zwischen Israel und Jordanien; Evakuierung von 1700 Juden aus der Altstadt nach West-Jerusalem; alle gesunden Männer in jordanische Gefangenschaft; Zerstörung der Synagogen, einschl. der Churva- und der Tif'eret-Israel, in der Jerusalemer Altstadt
1948	Annexion Ostjerusalems durch König Abdullah von Jordanien; nur von Pakistan und Großbritannien anerkannt
17. April 1949	Sitzung der ersten gewählten Knesseth; Jerusalem offiziell als zu Israel zugehörig erklärt
April 1949	Waffenstillstandsabkommen mit Jordanien
1950	Bau des neuen Hadassah-Krankenhauses in En-Kerem, da das alte auf dem Skopus-Berg nicht mehr zugänglich ist
1952	Feierliche Zweiteinweihung der Italienischen Synagoge in West-Jerusalem
1950er Jahre	Einrichtung eines neuen Universitätsgeländes in Givat-Ram anstelle des unzugänglich gewordenen auf dem Skopus-Berg

1957	Einweihung der Israel-Goldstein-Synagoge auf dem neuen Campus der Hebräischen Universität in Givat-Ram
1962	Einweihung der Abbell-Synagoge mit Chagall-Fenstern des Hadassah-Krankenhauses in En-Kerem
1966	Eröffnung des Knesseth-Gebäudes, des israelischen Parlaments
5. Juni 1967	Ausbruch des Sechstage-Kriegs und Einnahme der Jerusalemer Altstadt am 8. des Monats durch Israel
26. Juni 1967	Ostjerusalem offiziell israelischer Gerichtsbarkeit und israelischem Gesetz unterstellt
nach 1967	Wiederaufbau der medizinischen Fakultät auf dem Skopus-Berg, Restaurierung der alten Gebäude der Hebräischen Universität ebendort; Wiederaufbau bzw. Restaurierung ganz oder teilweise zerstörter Synagogen und jüdischer Wohnhäuser im jüdischen Viertel der Jerusalemer Altstadt Räumung des Platzes vor der West- oder Klagemauer und Räumung des Tunnels, der von der Westmauer in nördlicher Richtung unter den Häusern darüber hindurchführt.
1977	Errichtung des 16 Meter hohen Bogens der zerstörten Churva-Synagoge in der Altstadt von Jerusalem als Mahnmal
1982	Einweihung der Großen Synagoge von Jerusalem
2005	Beschluss zum Wiederaufbau der Churva-Synagoge
2009/10	Vollendung des Wiederaufbaus der Churva-Synagoge in der Altstadt von Jerusalem
15. März 2010	Einweihung der wieder aufgebauten Churva-Synagoge in der Altstadt von Jerusalem

GLOSSAR

Almemor, der: ar., einer der Namen für *Bima* bzw. *Tewa,* s.u.

Amud, die: hebr. „Säule", Vorbeterpult in der Synagoge, an dem in aschkenasischen Synagogen das Morgengebet gesagt wird.

Aron ha-kodesch, der: hebr. „die heilige Lade", der Thora-Schrank.

Aschkenasische Juden, von *Aschkenas,* hebr. ursprünglich „Deutschland" und Nordfrankreich.

Aw: hebr., der Name des 10. Monats im hebräischen Kalender; am 9. Aw wurde der Tempel in Jerusalem zweimal zerstört: 587 v.d.Z. von den Babyloniern, 70 d.Z. von den Römern. Auch sonst gilt der 9. Aw als ein ganz besonders schwerer Schicksalstag für die Juden und wird daher mit strengem Fasten begangen.

Baʾal koré, der: hebr. der „Vorleser"; die Person, die dreimal in der Woche, am Montag, am Donnerstag und zweimal am Schabbath, den jeweiligen Wochenabschnitt vorliest.

Bar-Mitzva, der: hebr. „Sohn der Pflicht"; im Alter von dreizehn Jahren wird ein jüdischer Junge religionsmündig und damit ein Sohn der Pflicht.

Bat-Mitzva, die: hebr. „Tochter der Pflicht"; im Alter von zwölf Jahren wird ein Mädchen religionsmündig und eine Tochter der Pflicht.

Bessamim-Büchse, die: hebr. Behälter mit wohlduftenden Kräutern, an denen bei einer Zeremonie am Schabbath-Ende gerochen wird.

Bethar: Jugendorganisation der Revisionistischen Partei.

Beth-ha-Knesseth, das: hebr. „Haus der Zusammenkunft", einer der Namen für eine Synagoge.

Beth-Midrasch, das: hebr. „Lehrhaus"; dieser Name verweist auf die zweite Funktion einer Synagoge.

Beth-Tfila, das: hebr., „Haus des Gebets"; das ist die dritte Funktion, die eine Synagoge erfüllt.

Bima, die: hebr. das „Vorlesepult", an dem dreimal in der Woche aus der Thora vorgelesen wird. Die Bima wird auch als *Tewa* oder *Almemor* gezeichnet, s. dort.

Chanukka-Fest, das: hebr. Vom 25. *Kislew,* Dezember, an wird acht Tage lang jeden Abend eine Kerze in der *Chanukkija,* s.u., zur Erinnerung an das Wunder mit dem Ölkännchen bei der Wiedereinweihung des Tempels in Jerusalem im Jahr 165 v.d.Z. angezündet.

Chanukkija, die: hebr., achtarmiger Leuchter mit einem *Schammasch,* einem zusätzlichen Arm, zum Anzünden der acht Lichter am Chanukka-Fest, s.o.

Chasan, der, Pl. *Chasanim:* hebr., der Kantor, der Vorbeter in einer Synagoge.

Chassidim, Pl., *Chassid,* der: hebr. die „Frommen"; eine religiös-mystische Bewegung im Judentum, die um 1700 in Polen entstand.

Cherub, der, Pl. *Cherubim:* hebr., mystische geflügelte Wesen, die die Bundeslade im Allerheiligsten des Tempels in Jerusalem bewachten und die Wände von Salomos Tempel zierten.

Cohen, der, Pl. *Cohanim:* hebr. „Priester". Aarons Nachfahren, die den Tempeldienst versahen und für die auch heute noch besondere Reinheitsvorschriften gelten.

Dakar, die: hebr. „Schwertfisch", israelisches U-Boot, das im Januar 1968 auf dem Weg von Portsmouth in England nach Haifa in Israel aus unerklärlichen Gründen kurz vor seiner Ankunft mit der gesamten Besatzung unterging.

Drascha, die: hebr. die „Predigt", ein gelehrter Vortrag des Rabbiners in der Landessprache über den jeweiligen Wochenabschnitt der Thora.

Eretz Israel, das: hebr. „das Land Israel", nach 135 d.Z. von Juden verwendeter Name für Judäa, das von den siegreichen Römern in *Provincia Syria palaestina* umbenannt wurde und seither von Nichtjuden als Palästina bezeichnet wird.

Gerusia: „Rat der Ältesten", Name des Sanhedrin zur persischen Zeit (559–332 v.d.Z.).

Haganna, die: hebr. „Schutz, Verteidigung", 1920 gegründete zionistische militärische Untergrundorganisation im Land Israel zur Verteidigung des *Jischuw,* s.u., vor arabischen Überfällen.

Hebräische Bibel, die: die auf Hebräisch verfasste Bibel, die aus der *Thora,* der „Lehre", den Propheten und den Hagiographen besteht.

Hechal Shlomo: hebr. „Salomos Halle", Sitz des Oberrabbinats von Israel in der King George Straße 58 in Jerusalem, 1958 errichtet.

Histadruth, die: hebr., Dachverband der israelischen Gewerkschaften, 1920 gegründet.

Jad, die: hebr. die „Hand"; mit diesem Thora-Zeiger zeigt der Vorleser bei seiner Lesung die Zeilen an, die er gerade liest.

Jeschiwa, die: hebr., eine Thora-Talmudschule, die ein traditioneller Jude nach Abschluss der allgemeinen Schule besucht.

Jewish Agency, die: seit 1948 „Jewish Agency for Israel"; 1922 gebildetes Organ der Zionistischen Weltorganisation, das bis zur Staatsgründung 1948 faktisch als Regierung des *Jischuw,* s.u., fungierte.

Jischuw, der: hebr. „bewohntes Land"; die Gesamtheit der jüdischen Ortschaften und Einwohner im Land Israel vom Beginn der Einwanderung um 1882 bis zur Staatsgründung.

Jom Kippur: hebr. „Versöhnungstag", der höchste *Schabbath,* der im September/Oktober zehn Tage auf das jüdische Neujahr folgt und mit diesem die „Hohen" oder auch „Furchtbaren Feiertage" bildet, die eine Zeit der inneren Einkehr und Reue sind.

*Jom-Kippur-*Krieg, der: Am *Jom Kippur,* dem 6. Oktober 1973, überfielen Ägypten und Syrien den Staat Israel. Anfangs sah es schlecht aus für Israel, aber als am 24. Oktober der Waffenstillstand beschlossen wurde, stand Israel auf der ägyptischen Seite des Suez-Kanals und hatte die dritte ägyptische Armee eingeschlossen; die Syrer waren nach Syrien zurückgedrängt worden.

Kabbala, die: hebr. „Überlieferung", jüdische Mystik seit dem 12. Jahrhundert.

Kapporet, der: hebr., Querbehang; wird seit dem 18. Jahrhundert vor allem in Süddeutschland und Osteuropa vor den Parochet gehängt.

Kiddusch, der: hebr. „Heiligung"; eigentlich ist damit der Segen über Brot und Wein gemeint, der vor dem Essen gesagt wird; dieser Begriff wurde auf die ganze Mahlzeit ausgedehnt, die man nach einem G-ttesdienst isst.

Kislew: hebr., der dritte Monat im hebräischen Kalender.

Koscheres Öl: rituell reines Öl für die Verwendung im Tempel in Jerusalem.

Levi, Pl. *Levi'im:* Haus und Stamm, die Nachfahren Aarons, die den Tempeldienst ausübten.

Madrasat, die: ar. Koranschulen.

Mapai, die: Abkürzung von *Miflegget Poalej Eretz-Israel,* „Arbeiterpartei des Landes Israel", 1930 gegründete nicht religiöse, zionistische, gemäßigt sozialistische und demokratische Partei.

Mechiza, die: hebr. „Trennwand", die in einem Betraum zwischen der Männer- und der Frauenabteilung gezogen wird und mindestens 1,80 Meter hoch sein sollte.

Menora, die, Pl. *Menorot:* hebr., der siebenarmige Leuchter, der schon im Stiftszelt, danach im Ersten und im Zweiten Tempel stand und traditionell als eines der Symbole für Jüdisches genommen wird.

Mikve, die: hebr. „Becken"; ein mit natürlichem Wasser wie Grund-, Quelloder aufgefangenem Regenwasser gefülltes Becken, in das traditionelle Männer und Frauen an bestimmten Tagen ein- und untertauchen.

Mincha, das: hebr. „Nachmittagsgebet"; wird am Spätnachmittag gesagt.

Minhag, der: hebr. „Brauch", hat sich in bestimmten Gemeinden seit Generationen eingebürgert; er beruht zwar nicht auf einem Gebot der Thora, wird aber trotzdem meistens strikt befolgt.

Minjan, der: hebr. das „Quorum" von zehn religionsmündigen Männern, die bei bestimmten Gebeten in der Synagoge anwesend sein müssen.

Mischna, die: hebr. „Lernen, Wiederholen", Sammlung von Lehrsätzen, entstanden anfangs wohl im Babylonischen Exil, und später weitergeführt und im 2. Jh. d.Z. von Juda ha-Nassi kodifiziert.

Mussaf, das: hebr. „Zusatzgebet"; seit der Zerstörung des Zweiten Tempels in Jerusalem ersetzt dieses Gebet den Opferdienst dort.

Nefesch, die: hebr. „Seele"; oft in Form einer kleinen Pyramide neben ein Grabmal gestellt.

Ner tamid, das: hebr. „Ewiges Licht"; es hängt in der Synagoge vor dem Thora-Schrank im Osten und brennt, wie sein Name besagt, stets.

Parochet, der: hebr. „Vorhang"; er hängt vor dem Thora-Schrank und trennt das Allerheiligste, d.h., heute die Thora-Rollen im Schrank, vom Heiligen.

Pentateuch, der: gr., die „Fünf Bücher Mose", auch: die Hebräische Bibel, s. dort.

Pessach-Seder, der: hebr. „Ordnung" für den Vorabend des Pessach-Festes, das mit diesem besonderen feierlichen Mahl eingeleitet wird.

Pharisäer, die: von hebr. *Parschanim* oder *Mefarschim,* „Interpreten", die als Lehrer dem Volk die Thora, die „Lehre" nahebrachten.

Pijutim, Pl., *Pijut,* der: hebr. „Hymne", besondere Gebete, von jüdischen Dichtern verfasst und zu einer besonders schönen Melodie gesungen.

Ramban, der, Akronym von Rabbi Mose ben Nachman: spanischer Rabbiner, Arzt, Dichter, Philosoph, Bibelexeget. 1194 in Gerona geboren, 1270 in Akko gestorben.

Revisionistische Partei: 1925 von Ze'ev Jabotinsky gegründet, die für ein radikal nationalistisches Programm eintrat.

Rimmonim, Sing. *Rimmon:* hebr. „Granatäpfel"; auf die Stäbe der Thora-Rolle kommen Granatapfel ähnliche Aufsätze aus Silber als besondere Dekoration.

Sabra, der: hebr. eigentlich „Feigenkaktus"; die in Israel Geborenen werden mit diesem Feigenkaktus verglichen: Außen sind sie stachlig, aber innen ganz süß.

Sadduzäer, die Nachfahren von Zadok, dem von König David ernannten Hohepriester.

Sanhedrin, der: von gr. *Synhedrion,* „Rat, Gerichtshof", die oberste politische, juristische und religiöse Körperschaft der jüdischen Bevölkerung in Juda, später Judäa/Land Israel.

Schabbath, der: hebr. Ruhetag, der siebente Tag in der Woche, an dem ein Jude, eine Jüdin von jeglicher Arbeit ruht.

Schacharith, das: hebr. „Morgengebet"; wird am Morgen gesagt.

Schammasch, der: hebr. „Diener", der Name des neunten Arms an der Chanukkija, s.o., mit dem die übrigen Lichter angezündet werden.

Schawuot, hebr. „Wochenfest", auch: „Fest der Erstlingsfrüchte"; es wird 7 Wochen oder 50 Tage nach dem *Pessach*-Fest, s.o., begangen und erinnert an den Empfang der *Thora,* s.u., auf dem Berg Sinai.

Schoa, die: hebr. für „Holocaust", der Massenmord an den Juden Europas und teilweise auch Nordafrikas durch die Nationalsozialisten.

Sefardische Juden: von *Sfarad,* hebr. für „Spanien"; bezeichnet die Nachfahren der 1492 von den Katholischen Königen Ferdinand und Isabel aus Spanien, später auch Portugal (1497) ausgewiesenen Juden.

Shtetl, das: jidd. Jüdische Kleinstadtgemeinden in Osteuropa, in denen Juden Privilegien und Freiheiten wie Religionsfreiheit und kommunale Selbstverwaltung hatten.

Siddur, der: hebr. „Gebetbuch" für den Schabbath und die Wochentage.

Simchat-Thora: hebr. „Fest der Gesetzesfreude"; an diesem Tag geht der Zyklus der Thora-Lesungen zu Ende und beginnt sogleich von Neuem.

Sofer, der: hebr. „Schreiber"; er schreibt den Text der Thora sowie Eheverträge und Ähnliches für den rituellen Gebrauch.

Stiftszelt, das: Heiligtum, das die Israeliten nach ihrem Auszug aus Ägypten auf ihrer 40jährigen Wanderschaft durch die Wüste begleitete.

Sukkot, das: hebr. „Laubhütten". In Laubhütten essen traditionelle Juden während des siebentägigen Laubhüttenfestes, das im Herbst (September/Oktober) zur Erinnerung an die 40jährige Wanderung durch die Wüste begangen wird.

Talmud, der: hebr. „Lernen, Lehre", Sammlung von Ausführungen, Diskussionen und Kommentaren.

Tass, der: hebr. „Thora-Schild", s. dazu die Erklärung im Text.

Tewa, die: hebr. „Lade"; damit bezeichnen orientalische Juden die Bima, s.o.

Thora, die: hebr. Pentateuch, auch: die fünf Bücher Mose, der erste Teil der Hebräischen Bibel.

Thora-Rolle, die: hebr. u. dt., die vierzig Blätter der Thora, s.o., werden zusammengenäht, an beiden Enden an Holzstäben befestigt und zu einer Rolle aufgerollt.

Vaʾad: hebr. „Komitee, Ausschuss", hier: Synagogenkomitee

Yad va-Shem: hebr. „Denkmal und Gedenkstätte", gemäß dem Beschluss der *Knesseth,* s. Text, vom 19.8.1953 zur Erinnerung an die Helden und Opfer der *Schoa* errichtet.

WEITERFÜHRENDE LITERATUR

Albright, W.F.: Die Bibel im Licht der Altertumsforschung. 2. Aufl. Stuttgart 1959. S. 122–126.

Albright, W.F.: Archaeology in Palestine. 1. Aufl. London 1949; Neuaufl. London 1960.

Amiran, R.: Jerusalem Revealed. Jerusalem 1975.

Avigad, Nachman: Excavations in the Jewish Quarter of Jerusalem. Second Temple Period. Jerusalem 1976.

Avigad, Nachman: Ancient Monuments in the Kidron Valley. Jerusalem 1954. Hebr. mit engl. Zusammenfassung.

Avigad, Nachman: Architectural Observations on some Rock-Cut Tombs. I: The Monuments at Silwan. In: *Palestine Exploration Quarterly,* 1947. S. 112ff.

Avissar, E.: Die Kriege des Juda Makkabäus (Hebr.). Tel Aviv 1965.

Avi-Yonah, Michael (Hrsg.): Encyclopedia of Archaeological Excavations in the Holy Land. Jerusalem 1975.

Avi-Yonah, Michael: Jewish Art, hrsg. v. C. Roth. London 1971.

Avi-Yonah, Michael (Hrsg.): Geschichte des Heiligen Landes. Jerusalem 1969.

Ben-Dov, M.: Ausgrabungen am Tempelberg (Hebr.). Jerusalem 1982.

Breffny, Brian de: The Synagogue. Jerusalem 1978.

Brenk, Beat: Heiliges Land. Ein Reiseführer. Bern 1975.

Busink, Th. A.: Der Tempel von Jerusalem, 2 Bde. Leiden 1970/1980.

Comay, Joan: The Temple of Jerusalem. New York 1975.

Cornfeld, Gaalyah/Freedman, David Noel (Hg.): Archaeology of the Bible. Book by Book. New York 1976.

Die vierundzwanzig Bücher der Heiligen Schrift. Übersetzt von Dr. Zunz. Basel (oh. Datum).

Eisenberg, Asriel: The Synagogue through the Ages. New York 1974.

Encyclopedia Judaica. Jerusalem 1971–1972.

Flavius Josephus: The Jewish War. Harmondsworth, Middlesex 1959.

Flavius Josephus: Der Jüdische Krieg. Berlin 1900.

Ginsbury, Philip/Cutler, Raphael: The Phases of Jewish History. 2005.

Gutman, Joseph (Hrsg.): Ancient Synagogues: the State of Research. Chico/Kalif. 1981 (Brown Judaic Studies, 22).

Gutmann, Joseph: The Synagogue. Studies in Origin. Anthology and Architecture. New York. 1975.

Hennig, Kurt (Hg.): Jerusalemer Bibel-Lexikon. Jerusalem 1986.

Herzl, Theodor: „Wenn Ihr wollt, ist es kein Märchen." Altneuland. Der Judenstaat. Kronberg/Ts. 1987.

Hruby, Kurt: Die Synagoge. Geschichtliche Entwicklung einer Institution. Zürich 1971.

Israel Information Center: Israel von A bis Z. Jerusalem 1997.

Jarden, Leo: Jewish Art and Civilisation. 2 Bde. Jerusalem 1972.

Jarrassé, Dominique: Synagogues. Vilo International 2001.

Kaplan, Uri: The Synagogue. Jerusalem 1973.

Kenyon, K.M.: Digging up of Jerusalem. London 1974.

Keßler, Katrin: Ritus und Raum der Synagoge. Liturgische und religionsge-
setzliche Voraussetzungen für den Synagogenbau in Mitteleuropa. Peters-
berg 2007.

Künzl, Hannelore: Jüdische Grabkunst. Von der Antike bis heute. Darmstadt
1999.

Künzl, Hannelore: Jüdische Kunst von der biblischen Zeit bis in die Gegenwart. München 1992.

Levy, I.: The Synagogue: Its History and Function. London 1963.

Lewensohn, Avraham: Israel-Reiseführer. Tel-Aviv 1979.

Louvish, Misha: Tatsachen über Israel. Jerusalem 1969.

Magall, Miriam: Archäologie und Bibel. Wissenschaftliche Wege zur Welt des
Alten Testaments. Köln 1986.

Magall, Miriam: Kleine Geschichte der jüdischen Kunst. Köln 1984; überar-
beitete und stark erweiterte Ausgabe, Wiesbaden 2005.

Masterman, E.W.G.: The Jews in Modern Palestine, in: *The Biblical World,*
Bd. 21, Nr. 1 (Jan 1903), S. 17–27.

Meek, H.A.: The Synagogue. London 1995.

Ministry of Foreign Affairs (Hg.): Facts about Israel. Jerusalem 1979.

Murphy-O'Connor: The Holy Land. An Oxford Archaeological Guide.
5. Auflg. 2008.

Negev, Avraham (Jg.): Archäologisches Bibel-Lexikon. Jerusalem 1986.

Pinkerfeld: „David's Tomb". Notes on the History of the Building. In: *Bulletin
of the L.M. Rabinowitz Fund for the Exploration of Ancient Synagogues.*
Bd. III. Jerusalem 1960. S. 41 ff.

Prause, Gerhard: Herodes der Große. König der Juden. Hamburg 1977.

Roth, Cecil: Illustrierte Geschichte der jüdischen Kunst. Neu-Isenburg 2005.

Roth, Cecil: Die Kunst der Juden. 2 Bde. Frankfurt am Main 1963.

Saller, S.J.: Second Revised Catalogue of Ancient Synagogues of the Holy
Land. Jerusalem 1972.

Schiller, Ely (Hg.): The first Photographs of Jerusalem. The Old City. Jerusalem 1978.

Schoeps, Julius H. (Hg.): Neues Lexikon des Judentums. Gütersloh 2000.

Schwarz, Hans-Peter (Hrsg.): Die Architektur der Synagoge. Ausstellungska-
talog, Deutsches Architektur Museum, Frankfurt am Main, Stuttgart 1988.

Sed-Rajna, Gabrielle (Hrsg.): Jewish Art. New York 1997.

Shanks, Herschel: Judaism in Stone. The Archaeology of Ancient Synagogues.
New York 1979.

Vilnay, Ze'ev: Jerusalem-Encyclopedia, Hebr. Tel-Aviv 1993.

Yadin, Yigael (Hrsg.): Jerusalem Revealed. Archaeology in the Holy City,
1968–1974. Jerusalem-New York 1976.

Zwickel, Wolfgang: Der Salomonische Tempel (Kulturgeschichte der antiken
Welt 83). Mainz 1999.

ORTSREGISTER

PERSONENREGISTER

BILDNACHWEIS

Alle im Buch verwendeten Abbildungen stammen von der Autorin und ihrem Sohn, Ya'ir G. Magall, außer den folgenden:

11,12, 22, 24, 25, 51, 58.

Dabei handelt es sich um alte Archivaufnahmen, deren Urheber nicht mehr festzustellen sind. Daher der Hinweis: Alle Bildnachweise wurden von der Autorin sorgfältig recherchiert und belegt und von ihr und dem Verlag mit größtmöglicher Sorgfalt überprüft. Unter Berücksichtigung des Produktionshaftungsrechts müssen beide allerdings darauf hinweisen, dass fehlerhafte Angaben und Auslassungen nicht völlig auszuschließen sind. Für etwaige fehlerhafte Angaben können Autorin, Verlag und Verlagsmitarbeiter keinerlei Verpflichtung und Haftung übernehmen. Korrekturhinweise sind jederzeit willkommen und werden gerne berücksichtigt.

FARBTAFELN

Tafel 1: Die Ramban-Synagoge. Außenansicht.

Tafel 2: Die Ramban-Synagoge. Innenansicht.
Nach dem Sechstage-Krieg 1967 restauriert und renoviert.

Tafel 3: Die vier sefardischen Synagogen mit der nach unten führenden Treppe.

Tafel 4: Die Jochanan-Ben-Sakkai-Synagoge. Innenansicht mit Blick auf *Bima* und die beidenThora-Schränke.

Tafel 5: Zwei sefardische Thora-Rollen in einem als *Nartik / Tik* bezeichneten festen Behälter.

Tafel 6: Die Istanbuli-Synagoge. Innenansicht mit Blick auf die Bima.

Tafel 7: Die Elijahu ha-Nawi-Synagoge. Innenansicht mit Blick
auf Bima (rechts) und Thora-Schrank (links).

Tafel 8: Die Churva-Synagoge. Außenansicht mit dem 1977
wieder errichteten 16 Meter hohen Bogen.

Tafel 9: Die Jeschurun-Synagoge. Innenansicht mit Blick auf Thora-Schrank und *Amud,* Vorbetersäule, davor (ursprüngliche Möblierung).

Tafel 10: Die Italienische Synagoge. Der Innenraum mit Thora-Schrank, Sitzbänken und Frauenemporen.

Tafel 11: Die Italienische Synagoge. Innenansicht. Blick in den Thora-Schrank. Typisch italienische Thora-Rollen, geschmückt mit Kronen bzw. *Rimmonim,* „Granatäpfeln", und Glöckchen.

Tafel 12: Die Italienische Synagoge. Die *Sukka,* die Laubhütte, rechts vor dem Eingang.

Tafel 13: Givat-Ram. Die Israel-Goldstein-Synagoge. Innenansicht
mit Blick auf Thora-Schrank und Bima (links).

Tafel 14: Skopus-Berg. Die Hecht-Synagoge. Innenansicht mit Blick
auf das große Panoramafenster in der Südwand.

Tafel 15: En-Kerem. Die Abbell-Synagoge des Hadassah-Krankenhauses. Innenansicht mit Blick auf einige Chagall-Fenster.

Tafel 16: Die Große Synagoge. Außenansicht.

Tafel 17: Die Große Synagoge. Innenansicht mit Blick auf Bima und Thora-Schrank.

Tafel 18: Die Große Synagoge. Der große Kronleuchter über der Bima.

Tafel 19: Die Große
Synagoge. Innenansicht.
Das große Glasfenster über
dem Thora-Schrank.

Tafel 20: Yad va-Shem. Skulptur: Janusz Korczak und seine Kinder.

Tafel 21: Yad va-Shem. Die Synagoge. Außenansicht.

Tafel 22: Yad va-Shem. Die Synagoge. Innenansicht mit Blick
auf Bima und Thora-Schrank.

Tafel 23: Der Vorhof vor den „Königsgräbern". Aufnahme von 2008, während umfassender Renovierungsarbeiten.

Tafel 24: Die Gräber der Richter. Park mit Grabhöhlen.

Tafel 25: Die Gräber der Richter. Blick in die Vorhalle einer Grabhöhle.

Tafel 26: Das Davidsgrab. Blick auf den Kenotaph im Inneren.

Tafel 27: Die Zedekia-Höhle. Der Zugang.

Tafel 28: Die Zedekia-Höhle, ein alter Steinbruch.

Tafel 29: Herzl-Berg. Theodor Herzls Grab. 1949.